Julian Assange

Antoine Vey

Julian Assange

La plaidoirie impossible

PLON
www.plon.fr

Note de l'éditeur :
Antoine Vey est l'avocat français de Julian Assange. Il prend régulièrement la parole pour dénoncer la situation judiciaire de son client. Cet ouvrage est le reflet de son opinion.

92, avenue de France
75013 Paris
Tél. : 01 44 16 09 00
Fax : 01 44 16 09 01
www.plon.fr
www.lisez.com

Dépôt légal : mai 2024
ISBN : 978-2-259-32012-2
Mise en pages : Nord Compo

« À une époque de supercherie universelle,
dire la vérité est un acte révolutionnaire. »

George Orwell, *1984*

Dans la peau d'un juré

Le temps de ce livre, prêtez-vous à une expérience de pensée. Imaginez que vous avez été tiré au sort comme juré d'assises dans une affaire qui défraie la chronique depuis plus de dix ans.

À l'exception de votre âge, de votre sexe et de votre profession, je ne connais rien de vous. J'ignore quelles sont vos convictions, vos croyances ou vos valeurs. Je sais seulement que vous n'avez jamais été condamné. Et j'imagine que vous sentez déjà la lourde responsabilité qui pèse sur vos épaules. La solennité du rituel judiciaire et l'ordonnancement de la salle d'audience vous rappellent l'importance de la mission qui vous a été confiée. En tant que juré, vous remplissez une fonction de juge.

Vous avez pris place à droite des magistrats professionnels. Vous écoutez soigneusement le président de la cour qui donne lecture du serment prévu par le code de procédure pénale : « Vous jurez et promettez d'examiner avec l'attention la plus scrupuleuse les charges qui seront portées [...], de n'écouter ni la haine ou la méchanceté, ni la crainte ou l'affection ; de vous rappeler que l'accusé est présumé innocent et que le doute doit lui profiter ; de vous décider d'après les charges et les moyens de défense, suivant votre conscience et votre intime conviction, avec l'impartialité et la fermeté qui conviennent à un homme probe et libre, et de conserver le secret des délibérations, même après la cessation de vos fonctions. » La lecture du texte achevée, le président prononce votre nom. Debout, vous levez la main et dites : « Je le jure. »

Cette formalité accomplie, vous voici enfin dans la peau d'un juré. Le plus difficile commence. Au fil des débats, vous allez engranger une somme d'informations vertigineuse, entendre des points de vue contradictoires, vous forger un avis, douter de vos premières impressions, échanger avec les autres membres du jury et, à la fin, vous devrez voter et trancher.

J'espère que vous le ferez en parfaite indépendance, en gardant intacte votre liberté de jugement. Ne laissez personne vous influencer ou décider pour vous. Votre voix et votre choix vous appartiennent pleinement. Nul ne saurait les assumer à votre place.

Le cas que vous êtes appelé à examiner est celui de Julian Assange, un nom dont vous avez sans doute déjà entendu parler dans les médias. Des images furtives – une chevelure blanche, un poing levé, une scène d'arrestation, une affiche « *Free Assange* » brandie par des manifestants – vous reviennent peut-être en mémoire. Bien que son histoire vous dise plus ou moins quelque chose, vous n'en connaissez ni les détails, ni les ressorts profonds.

Alors écoutez bien ce qui va suivre. Soyez attentif à son parcours, à sa trajectoire, à son combat et à son calvaire.

*

Il est temps pour vous de plonger dans l'engrenage judiciaire qui a conduit un informaticien devenu journaliste à subir le traitement d'un criminel de guerre.

Fermez les yeux… Vous pénétrez à pas feutrés dans le monde judiciaire, qui vous fascine autant qu'il vous intimide. Vous n'en maîtrisez ni les codes, ni les arcanes. Malgré tout, vous allez devoir vous prononcer, en votre âme et conscience, sur le sort d'un homme et de l'idéal qu'il défend.

Quand vous saurez tout de cette histoire, vous devrez répondre, en votre for intérieur, aux questions suivantes : Julian Assange mérite-t-il le traitement qui lui est réservé ? Est-il coupable d'un quelconque crime ? Son avenir peut-il être confié à des autorités qui ont juré sa perte depuis le début ? À quelle peine condamnerait-on nos démocraties en l'abandonnant à sa solitude et à son dénuement ?

PRÉFACE

« Dans la mesure où je n'ai pas rédigé
cette introduction en partant de discussions sur
l'éloquence mais des principes d'une philosophie
archaïque et passablement obscure, je suis bien
conscient qu'elle suscitera quelque critique
ou du moins une certaine surprise.
On se demandera en effet quel est le rapport
avec notre sujet – et c'est après avoir
bien examiné le sujet lui-même
que l'on comprendra pourquoi je l'ai abordé
en remontant si loin – ou alors on me reprochera
de sortir des sentiers battus pour emprunter
des voies nouvelles. »

CICÉRON

Parmi les événements présents, lesquels resteront dans l'histoire et lesquels s'effaceront des mémoires ? Sommes-nous capables de distinguer, dans le maelstrom de l'information, les affaires essentielles des faits accessoires ?

Les citoyens qui, en 399 avant J.-C., se sont regroupés au tribunal de l'Héliée, sur l'Agora d'Athènes, pour le procès de Socrate, accusé d'impiété et de corruption de la jeunesse, pensaient-ils que ce jugement serait encore connu et discuté plus de deux mille ans après le verdict ? Comme si l'injustice était frappée du sceau de l'intemporalité…

Les Romains qui, un soir de février 1600, ont assisté à la mise à mort de Giordano Bruno, brûlé vif sur le Campo de'Fiori, imaginaient-ils que l'astronome napolitain deviendrait un jour un martyr de la science, torturé et persécuté pour avoir énoncé une évidence, à savoir que l'univers était infini et peuplé d'une foule de planètes ? Comme si la vérité finissait toujours par s'imposer, en dépit des fanatismes et des aveuglements…

Les juges qui, en juin 1964, ont condamné Nelson Mandela à la perpétuité et l'ont envoyé croupir dans les geôles de Robben Island, se doutaient-ils que le matricule 46664 serait libéré après vingt-sept ans d'emprisonnement et accéderait à la présidence de l'Afrique du Sud ? Comme si la poursuite d'une noble cause offrait une résistance incomparable aux avanies, aux sévices et aux malheurs de la captivité…

À l'évidence, aucun de ceux qui ont participé à ces événements n'a eu conscience de leur portée.

Et pourtant, le temps a accompli son œuvre. Socrate, Giordano Bruno et Nelson Mandela, comme Paul Verlaine, Oscar Wilde, Alfred Dreyfus ou encore Winston Smith, l'infortuné héros de la dystopie orwellienne, *1984* : autant de victimes de foules ignorantes, de délateurs professionnels et de bureaucraties iniques. Des figures persécutées, emprisonnées sinon exécutées parce qu'elles étaient les symboles d'une cause qui les dépassait. Toutes sont passées à la postérité pour leur courage et leur engagement, tandis que leurs juges, leurs inquisiteurs et leurs tortionnaires comparaissent, *a posteriori*, au tribunal des réprouvés. « Le supplice est plus dur aux bourreaux qu'aux victimes », écrivait Paul Éluard dans *Capitale de la douleur*...

Un homme a rejoint cette longue liste parce qu'il mène l'un des combats les plus importants de notre époque.

Ce combat, c'est celui de la liberté d'informer. Julian Assange en est le symbole depuis 2010. Avant que son nom ne tombe dans une indifférence croissante, à mesure que son image a été déformée, salie et gommée par tous ceux qui le poursuivent de leur vindicte.

Nos sociétés modernes, qui se prétendent civilisées et éclairées, commettront-elles les mêmes erreurs qu'à l'époque de Socrate, de Giordano Bruno et de Nelson Mandela ? Détourneront-elles le regard pour s'abandonner au confort douillet de l'indifférence ? Passeront-elles encore une fois à côté de l'histoire ? Ou ouvriront-elles les yeux sur le sort d'un individu martyrisé pour avoir révélé des informations vraies ?

*

Tel est l'objet du livre que vous tenez entre vos mains.

Construit sur le modèle d'une plaidoirie classique, cet ouvrage reprend les canons auxquels obéit le genre depuis que de célèbres orateurs, comme Démosthène, Cicéron ou Quintilien, l'ont pensé et codifié : un exorde, une thèse, une narration, une argumentation, une réfutation, une récapitulation et une péroraison.

Ce choix formel n'est ni un exercice de style, ni une lubie littéraire. Il répond à l'ambition formulée par les pères fondateurs de la rhétorique et de l'art oratoire. Loin d'être un jeu ou une contrefaçon du réel – à l'image des *éléments de langage*, qui fleurissent dans le champ politique et ailleurs –, la plaidoirie est un instrument nécessaire au service de la délibération, de l'intérêt commun et d'un fonctionnement plus sain de la Cité. Le discours n'y sert pas à travestir la réalité ou la vérité, mais à aider chacun à trancher avec sagesse, par-delà les emballements émotionnels, les faux-semblants et les mirages médiatiques.

Quoi de plus utile, à vrai dire, que de réhabiliter ce genre, à l'heure où nos démocraties subissent les assauts des désinformateurs et où prospèrent *fake news*, culture de l'instantané et passions tristes qui mettent en danger la liberté d'information ?

Quoi de plus naturel qu'une plaidoirie pour défendre un homme enfermé sans raison légitime et sans le moindre procès ?

Face à cette injustice, j'ai souhaité marcher dans les pas des vieux maîtres, en revenant à la méthodologie qu'utilisent les avocats depuis la nuit des temps. Les conseils avisés de Cicéron – choisi pour la clarté et le génie de ses définitions – ne seront pas de trop pour composer cette plaidoirie que d'aucuns jugeront impossible.

Pourquoi impossible ? Parce qu'elle ne sera jamais prononcée telle quelle. Et parce que l'accusé, prisonnier d'un labyrinthe normatif qui semble sans issue, n'aura jamais droit à un procès équitable.

Exorde

« L'orateur composera son exorde
comme un beau vestibule, ouvrant sur la cause
par des accès lumineux. »

Cicéron

Mais où est passé Julian Assange ?

Il y a encore quelques années, on le voyait partout, jusqu'à la une du *Times Magazine*. Fondateur de WikiLeaks, il avait défrayé la chronique en publiant une série de documents relatifs aux agissements des États-Unis en Afghanistan et en Irak. Ces révélations, faites en 2010, ont valu à Julian Assange et à la plateforme de devenir connus dans le monde entier... mais aussi d'être persécutés et victimes d'un acharnement hors du commun.

Julian Assange, c'est l'informaticien qui est devenu journaliste, le journaliste qui est devenu combattant du droit à l'information, le combattant qui a défié le pouvoir... au point de devoir disparaître.

Et pourtant, Julian est bien vivant. Laissez-moi vous conduire jusqu'à lui.

Donnons-nous rendez-vous à seulement 45 minutes de Londres, sur le parking de la prison de haute sécurité de Belmarsh. Il pleut. Il fait gris. L'air est froid. L'été comme l'hiver. Tout autour : miradors, barbelés, hauts murs, fouilles au corps, rats, isolement, salpêtre au mur, désespoir. Une « vraie » prison, dans laquelle, pour citer Verlaine, « la cour se fleurit de souci. Comme le front. De tous ceux-ci. Qui vont en rond. »

La liste des occupants est tenue secrète. N'y sont acceptés que les plus grands criminels du royaume, ceux qui, selon la loi, « présentent la plus grande menace pour la population, la police ou la sécurité nationale ».

Même si c'est sans doute votre première visite en prison, peut-être aurez-vous une impression de déjà-vu. La violence de ce lieu est si profondément ancrée dans l'imaginaire collectif, que c'est ici, dans la « Guantánamo britannique », que les réalisateurs de James Bond ont enfermé le dernier grand méchant de la série, Ernst Stavro Blofeld, dans *No Time to Die*.

Et c'est ici, dans le monde réel, que vit, ou plutôt survit, depuis 2019, Julian Assange. Isolé dans une cellule de huit mètres carrés, dont la seule fenêtre donne sur un mur, et dans laquelle il lui a été refusé d'avoir même accès à la télévision. Il attend la suite de son odyssée judiciaire.

Avez-vous remarqué cette affiche à l'entrée de la prison ? Julian, en grand format, bâillonné par un drapeau américain, avec, en dessous, le traditionnel « *Free Assange* », cri de ralliement de ses nombreux soutiens à travers le monde. Peu de prisonniers de Belmarsh ont droit à leur affiche, peu d'entre eux aussi peuvent revendiquer d'être injustement détenus.

Pour voir Julian, vous allez devoir vous armer de patience. Chaque visite commence par un passage obligatoire dans la petite annexe, à côté de l'entrée de la prison. C'est le point d'accueil des « visiteurs », essentiellement des avocats ou des « experts » judiciaires. Qui d'autre pourrait avoir l'idée saugrenue de vouloir visiter une prison ?

Ici sont contrôlés les permis de visite, les passeports et les cartes professionnelles. En échange, vous recevez un petit cordon métallique, au bout duquel est attachée une carte en plastique avec un numéro. C'est le vôtre, celui qui correspondra à cette visite, dont la trace sera soigneusement consignée dans le Grand Livre de Belmarsh.

Tendez maintenant le dos de votre main. Un vigile vous y applique un « tampon invisible » qui ne se révélera qu'à la lumière noire, selon un procédé bien connu des amateurs de discothèques ou de trains fantômes.

Puis vous êtes invité à poser l'empreinte de vos deux index sur une petite machine, qui diffuse un écran vert pomme. Vous êtes presque prêts à franchir la frontière de ce nouveau territoire.

En attendant qu'on vous ouvre la porte, votre regard est peut-être attiré par un petit journal, déposé sur la table de l'accueil : « *Inside Time*, le journal national des prisonniers et détenus », la gazette de vie carcérale.

Sur la première page, une photo de pomme de terre et la légende suivante : « *You've had your chips.* » On pourrait la traduire par : « Vous avez eu votre chance » (« *chips* » étant une référence aux jetons d'un jeu de hasard) ou par : « Vous avez eu vos frites. » C'est un jeu de mots pénitentiaire.

L'article commente une décision récente du gouvernement britannique : les frites, plat préféré des prisonniers, ont été remplacées par des aliments non identifiés. Cela ressemble à des pommes de terre, mais ça n'en est pas. Plutôt un substitut d'« on ne sait quoi », cuit au four. La raison de ce changement ? « Le prix de l'huile de cuisson a doublé sur les marchés mondiaux depuis 2020, en raison du Covid et de la guerre entre la Russie et l'Ukraine, ces deux pays produisant plus de la moitié de la récolte mondiale de tournesol. » L'effet papillon de la géopolitique… Et l'auteur de l'article, satisfait, de conclure : « Grâce à ces frites modifiées, l'administration est parvenue à réduire le coût de la nourriture distribuée aux prisonniers en dessous de 2,08 livres par jour. » Pour ce prix, les prisonniers ont non seulement droit à des morceaux qui ont un goût de patate, mais aussi à des substituts de thon et de poulet qui proviennent de recompositions de têtes hachées. Les repas se prennent tout seul, en cellule, privant les occupants de la possibilité de partager ensemble ces délices culinaires. Voilà pourquoi Belmarsh mérite son statut de prison trois étoiles…

Maintenant que vous vous êtes ouvert l'appétit, vous pouvez déposer vos effets personnels dans un casier qui s'actionne en y déposant une pièce d'un pound à l'effigie de Sa Majesté. Surtout, ne conservez que le strict minimum : votre carte en plastique, vos deux index, et, à la rigueur, une feuille blanche et un stylo. Absolument rien d'autre : ni baleine de col de chemise, ni armature de soutien-gorge en métal, ni spirale de cahier, ni nourriture, ni eau.

Vous pouvez maintenant quitter la petite guérite et vous rendre devant la porte principale. Qui a dit qu'il était plus facile de sortir d'une prison que d'y entrer ? Premier contrôle. Un vigile fait mine de regarder le numéro sur la carte attachée au cordon métallique, avant d'activer l'appareil révélant le tampon invisible et de vous enjoindre à poser vos deux index sur un premier petit écran. Double voyant vert ! Vous avez passé sans embûche la première étape. Une nouvelle porte s'ouvre…

Ici, enlevez le peu d'effets personnels qu'il vous reste (encore) : ceinture, chaussures, stylo, etc.

Le moindre oubli vous vaudra d'être recalé et un retour immédiat à la case « guérite ». On peut ici commettre des erreurs de débutant, comme conserver son passeport ou oublier un trombone. Arme dangereuse, qui sera immédiatement confisquée.

En cas de succès, direction le « portillon électronique ». Pieds nus, vous subissez une fouille minutieuse, sous les aisselles, le tour de ceinture, au niveau de l'entrejambe, et même – épreuve la plus redoutée par les chatouilleux – sous la plante des pieds. La frontière entre la plaisanterie et l'humiliation est parfois ténue. Mais on progresse, et on continue son chemin.

Devant vous, une nouvelle porte. Vous pénétrez dans un couloir fermé. Ce temps d'attente est mis à profit à des fins éducatives. Regardez devant vous : une affiche montre une femme qui tient par la main deux très jeunes enfants. Sous l'image : « Tu leur avais promis que tu serais là pour eux. Ils vont grandir sans toi… Alors maintenant ? C'est qui le *loser* ? » Plus loin, un autre poster montre une vieille dame qui serre son visage entre ses mains : « Elle était là pour toi quand tu étais petit, et elle finira sa vie sans toi, et personne ne sera là pour l'aider. Alors maintenant ? C'est qui le *loser* ? »

Juste le temps de prendre connaissance de ces maximes prophylactiques et le sas s'ouvre sur un nouveau bâtiment. Quelques pas et un nouveau contrôle « classique » de type « badge, tampon invisible, index ». Vous voici, sans le savoir, dans l'aile des parloirs.

Je dois ici vous informer d'un rituel propre à Julian Assange et à ses visiteurs.

À droite, sous l'escalier, se trouve un petit couloir presque secret. Là, s'est organisée une petite équipe de bénévoles, comme on en voit parfois en Angleterre dans les musées et les parcs du National Trust. Ce sont souvent des retraités qui participent à cette activité bénévole, même si Belmarsh n'a pas grand-chose à voir avec un salon de thé de *Downton Abbey*. Ces vieilles dames sont aimables, confectionnent des gâteaux, vous renseignent et vous accueillent. Responsables d'une courte carte de restauration, qui va du paquet de bonbons au sandwich de substitut de poulet, elles s'efforcent d'apporter un semblant de vie à Belmarsh, lieu de désolation par excellence.

Julian n'a généralement aucune demande, aucune exigence. Pourtant, il apprécie que nous lui apportions deux grands cafés *latte*. Ce petit geste n'a rien d'anodin. Comme dans tous les univers aliénants, l'humanité survit au travers de minuscules réconforts : une cigarette, un sourire, un regard bienveillant et, dans ce cas, deux *latte*. Pour reprendre les mots d'Emmanuel Levinas, c'est ce « dépouillement » qui rend « le sens de l'essentiel », apprend la « différence entre avoir et être », « le peu d'espace et le peu de choses qu'il faut pour vivre », et par-dessus tout, ce qu'est le sens profond du mot « liberté[1] ».

Gobelets en main, vous montez l'escalier jusqu'au… nouveau contrôle (le quatrième en moins de cent mètres). Vous remontrez votre badge, votre tampon, vos index, vos gobelets. Nouveauté dans ce rite de passage aussi dément qu'interminable : vous inscrivez sur un cahier vos nom, prénom et heure d'arrivée (vous ajouterez plus tard celle de sortie). Ce n'est que la troisième fois qu'on vous le demande, pour s'assurer contre

---

1. Emmanuel Lévinas, *Carnets de captivité et autres inédits*, Grasset/IMEC, 2009.

tout risque de transmutation entre l'entrée principale et celle du parloir… L'impression d'être plongé dans un roman de Kafka est tout sauf fortuite.

Vous voici parvenu au parloir. Ne vous étonnez pas si vous patientez une trentaine de minutes, soit la moitié de la durée de votre visite. Et ne vous avisez surtout pas de râler auprès des surveillants. Au pire, cela vous renverrait à la case départ. Au mieux, cela vous ferait perdre le reste de votre temps utile.

Vexations, procédures absurdes et privations arbitraires sont le lot quotidien de tout prisonnier, surtout à Belmarsh. De quoi entamer un peu plus le psychisme du détenu. Comme si l'on cherchait à lui dérober quelques secondes ou minutes supplémentaires sur le temps qui lui a déjà été confisqué. Comme s'il lui était même interdit de s'évader par l'esprit…

Mais l'heure n'est plus à l'évocation des brimades de Belmarsh, dont le tableau serait infini. Un homme, silhouette amaigrie et traits tirés, s'approche de vous.

Julian fait son apparition.

THÈSE

« Quant à la thèse, elle embrasse souvent la cause tout entière. En effet, quel que soit le point à juger [...], il est bon de le ramener à une question générale et d'adopter un point de vue universel. »

CICÉRON

Qui est Julian Assange ? Que fait-il derrière ces murs ? De quoi est-il accusé ?

Voilà plusieurs années que nous avons basculé dans l'ère du tout numérique. Sans que nous en ayons bien pris conscience, c'est l'ensemble des recoins de nos existences qui ont été envahis. E-mails, téléphones, cartes de crédit, montres de fitness, GPS, achats sur Internet, lecture d'articles en ligne : rien n'échappe à l'empire croissant de la civilisation digitale.

Ce qui relevait autrefois de l'intimité ou de la vie privée se retrouve dorénavant sur des « réseaux » mal régulés, au fonctionnement plus que jamais opaque. Dans ce monde-là, la circulation, la collecte et l'analyse de vos données constituent le nouveau fondement du pouvoir.

Pouvoir de connaissance, pouvoir de surveillance, pouvoir de contrôle et de manipulation.

Cela vous importe peu ? Repensez à ce qu'écrivait Edward Snowden : « Lorsque vous dites : “le droit à la vie privée ne me préoccupe pas, parce que je n'ai rien à cacher”, cela revient à dire : “je me moque de la liberté d'expression parce que je n'ai rien à dire”. Car, même si vous n'utilisez pas vos droits aujourd'hui, d'autres en ont besoin. Cela revient à dire : les autres ne m'intéressent pas[1]. »

Désormais, les géants de la tech, alliés obligés du gouvernement américain, peuvent se targuer d'en savoir plus sur vous que vous-mêmes, vos proches, votre confesseur ou votre psy… Ils évaluent à la seconde près ce dont vous avez besoin. Ils anticipent vos envies avant que vous ne les formuliez. Et ils finissent même par décider à votre place… ou par vous dire quoi penser.

Pourtant, nous faisons tous comme si de rien n'était.

La naissance de cette agora numérique avait suscité un immense enthousiasme, les uns

1. Citation du documentaire « Citizenfour » de Laura Poitras, avec Edward Snowden, 2015.

prophétisant que l'accès à l'information serait plus fluide et plus libre que jamais, les autres se réjouissant que le plus grand nombre puisse s'exprimer, diffuser de la connaissance et enrichir les contenus des médias traditionnels sans dépendre de ces médias, eux-mêmes à la solde de tel ou tel pouvoir, de telle ou telle idéologie. C'était l'utopie d'Internet !

L'euphorie a été de courte durée. Sans même évoquer la multiplication des *fake news* et autres vérités alternatives qui pullulent sur le Web – donnant naissance à la « démocratie des crédules » si bien décrite par le sociologue Gérald Bronner –, c'est la mainmise sur l'information qui s'est peu à peu renforcée.

Dans ce nouvel écosystème, les gouvernements et leur administration exercent une surveillance et un contrôle grandissants. Et, évidemment, lorsque cela sert leurs intérêts, ils n'hésitent pas à manipuler certaines données ou à les dissimuler. Il faudrait être naïf ou stupide pour contester un tel état de fait.

Qui peut revendiquer être « libre » dans un tel écosystème ? Qui surveille l'information ? Nos gouvernants ? Nos lois ? Souvenons-nous de l'avertissement salutaire du poète Juvénal : « Qui garde les gardiens ? »

Ces questions, Julian Assange les avait identifiées longtemps avant qu'elles n'émergent dans le débat public.

Génie précoce de l'informatique, il avait compris deux choses simples mais fondamentales.

Premièrement, Assange s'est aperçu que les États et leurs administrations ont le pouvoir de contrôler l'information. Ils décident ensuite de partager ou non avec le « peuple » les données qu'ils estiment « d'intérêt public » et celles qu'ils classent « secret-défense ». Cela conduit à un risque de dévoiement de la démocratie, puisque l'exercice du choix politique ne se fait plus d'après l'observation de faits qui se dérouleraient sous les yeux des citoyens. Il se fait sur la base d'une connaissance à la fois imparfaite et tronquée. Imparfaite, car le nombre d'informations rend leur traitement impossible par un individu normal ; il faudrait recouper toutes les données pour apprécier l'action du gouvernant et disposer de toutes les clefs de lecture. Tronquée, car, dans l'ombre, ces « administrations » agissent parfois sans respecter les lois et sans respecter les hommes pour manipuler l'information. Cela peut paraître un brin caricatural. Mais allons : qui est assez naïf pour penser le contraire ?

Deuxièmement, partant de là, Assange commence à estimer que le journalisme doit s'adapter. Telle était l'ambition originelle de WikiLeaks. Et tel est le « crime » qui explique que Julian soit enfermé dans une cellule, réduit au silence. Pour envoyer un message à ceux qui, comme lui, auraient l'aventureuse idée de vouloir contredire le système.

Vous avez beau tourner et retourner le cas Assange, l'aimer ou le détester, au fond, vous comprendrez qu'il n'est poursuivi que pour avoir créé une plateforme 2.0, WikiLeaks, lancée en 2006 et destinée à diffuser des informations vraies que les médias traditionnels n'étaient en mesure ni de collecter, ni de publier.

Pour reprendre l'expression de Julian, WikiLeaks « accorde l'asile » aux documents les plus persécutés de la planète, après avoir vérifié leur authenticité et évalué la pertinence de leur divulgation. Sur le même modèle qu'un journaliste alimenté par des « sources ». Rien de plus, rien de moins. Le site n'est pas à l'origine de l'information, il ne la confectionne pas, il ne la vole pas ; il en est l'éditeur, en assure une diffusion complète et massive.

En 2010, WikiLeaks est entré dans l'histoire contemporaine du journalisme après des publications retentissantes sur la conduite de la guerre américaine en Afghanistan et en Irak. Julian Assange paie aujourd'hui encore le prix de ces révélations.

L'affaire Assange n'est, comme tous les dossiers les plus intéressants, pas uniquement l'affaire d'un individu, même s'il convient de ne pas oublier l'homme derrière la cause qu'il incarne.

Cette cause, quelle est-elle ? C'est celle d'une liberté totale, du droit à l'information, de la transparence de l'action publique. Au fond, Assange considère que les actions les plus sombres conduites par et au nom des États ne seraient pas possibles si les citoyens connaissaient la vérité, ce qui suppose qu'elle ne puisse pas leur être cachée.

Julian Assange a une conviction : c'est par le mensonge et le secret que les États parviennent à imposer à des hommes de déclencher des guerres qui tuent d'autres hommes. Nous le voyons aujourd'hui en Ukraine, en Palestine, ou en Arménie, mais la chose existe depuis la nuit des temps.

Dès lors, le rôle des journalistes est de fournir des informations pertinentes, sans complaisance à l'égard des détenteurs du pouvoir, permettant au débat public d'exister et aux citoyens de connaître la vérité.

Je vais maintenant vous donner les faits les plus pertinents pour comprendre le dossier « Assange c. USA », et vous montrer pourquoi Julian n'a rien à faire en prison.

Narration

« La clarté de la narration consiste
à exposer d'abord ce qui s'est fait en premier lieu,
à suivre l'ordre des temps et des faits,
à se conformer à la vérité ou à la vraisemblance. »

Cicéron

Tout a été dit et écrit au sujet de Julian Assange. Intellectuel, pirate, défenseur des libertés, terroriste, hacker, journaliste, traître, éditeur de presse, espion, pacifiste, agresseur, apolitique, anarchiste, Australien, demandeur d'asile, condamné, récompensé, conspué, précurseur, séducteur, marié, père, lanceur d'alerte, danger pour la sécurité nationale, prisonnier… Alors, qui est vraiment Julian Assange, au-delà de la légende noire et de la légende dorée ?

Pour le savoir, je vous propose de retracer sa vie en quatorze documents et objets qui éclairent son combat, à mille lieues des fantasmes, des mythes et des caricatures.

1971. L'acte de naissance

Regardez ce premier document. Il s'agit d'un acte de naissance. N'en cherchez pas un au nom de Julian Assange, il n'existe pas.

Julian est né le 3 juillet 1971, la veille de la fête nationale américaine et le jour de la mort de Jim Morrison. Un an après sa venue au monde, sa mère, Christine, épouse un directeur de théâtre ambulant, Brett Assange, dont Julian porte le patronyme mais qui n'est pas son père biologique. Christine s'en séparera après un an de mariage. Le père biologique de Julian s'appelle John Shipton, un militant pacifiste que Brett avait rencontré dans l'un de ces mouvements qui fleurissaient dans le monde des années 1970.

Les débuts de Julian dans la vie sont marqués par cette empreinte, comme si le destin le vouait déjà à une existence d'errance. Après une seconde séparation, d'un homme appartenant à une secte dont elle craint l'emprise, sa mère entraîne Julian et son demi-frère dans une fuite effrénée.

Trente-sept déménagements, autant de changements d'école, autant de visages qui passent sans véritablement s'accrocher. Ballotté au gré des événements, Julian cherche un élément de stabilité auquel s'arrimer. Il est en quête d'un havre accessible à tout moment, qui ne dépende d'aucun adulte et d'aucun contrôle. À cette époque, un nouveau monde vient tout juste de naître : l'informatique.

1984-1996. Le Commodore 64

Jetez un coup d'œil sur ce deuxième objet. Les plus anciens d'entre vous diront qu'il ressemble à un Minitel. Quant aux plus jeunes, ils s'étonneront qu'une telle antiquité ait un jour pu être commercialisée comme une innovation technologique majeure.

Ce vestige préhistorique s'appelle le Commodore 64. C'est le premier ordinateur que Julian a reçu, à l'âge de treize ans.

Passionné d'informatique dès l'adolescence, Julian déploie des capacités impressionnantes et devient « hacker », sous le nom de « Prof » (en référence au surnom « Professeur » dont ses camarades l'affublaient à l'école).

Quand beaucoup d'ados montent des groupes de rock, lui en rejoint ce qui est à peu près l'équivalent dans le monde informatique : une bande appelée les « *international subversives* ». Dans ce milieu un brin interlope, il s'est cependant toujours positionné en pirate « éthique ». Il n'agit ni pour détruire, ni pour son profit.

En 1996, pour ses premiers *hackings* d'une grande entreprise australienne de télécommunication, Julian est interpellé et condamné en Australie. Après avoir plaidé coupable, il écope d'une faible peine d'amende, les juges soulignant son absence d'intention malveillante.

Julian est un « geek ». Il explore les systèmes, s'amuse à comprendre leurs logiques et à déceler leurs failles. Surtout, il se passionne pour les technologies permettant de relayer l'information. Il apprend également, à ses dépens, que ce monde est le théâtre d'une lutte de pouvoir.

Julian s'immerge dans cet univers avec une certaine obsession, peut-être en lien avec le trouble autistique du type Asperger dont il est atteint.

Sa maîtrise technique devient impressionnante et est internationalement reconnue. Devenu jeune adulte, Julian Assange fait sans doute partie des meilleurs codeurs au monde.

1999. Le dépôt du nom de domaine « leaks.org »

En guise de troisième document, je vous propose de replonger aux premières heures de l'Internet grand public. Rappelez-vous ce nom de domaine, « leaks.org », déposé en Australie en 1999. Le projet qui révolutionnera le monde journalistique du début du siècle est en marche.

Trentenaire, Assange aiguise son savoir-faire informatique. Il programme des logiciels libres, développe un système de cryptage des données très élaboré, et commence à explorer l'infini champ des possibles que représente Internet. Progressivement, sa vision évolue. Il ne veut plus seulement être un prodige de l'informatique, passionné de technique, mais porte en lui un projet inspiré par sa maîtrise du code. Il voyage, notamment en France, où il s'installe quelque temps. Il y fait des rencontres, envisage d'y vivre.

Son intuition est que l'information doit obéir à une approche rationnelle, scientifique, que l'exercice par le citoyen de son choix démocratique requiert un accès transparent à la connaissance. Toute dissimulation ou manipulation constitue un mensonge à combattre. En bref, il mature le grand projet de sa vie : WikiLeaks.

2006. Le logo de WikiLeaks

À défaut d'être un autre acte de naissance, le quatrième document y ressemble beaucoup. Observez ce logo en forme de sablier, à l'intérieur duquel apparaît un planisphère déformé.

C'est depuis la France que Julian lance cette plateforme, instrument d'une quête existentielle qui sera la source de son succès planétaire, puis de son calvaire.

Plus qu'une révolution technologique, WikiLeaks est avant tout une révolution journalistique dont la portée n'est pas toujours comprise du grand public.

Le préfixe « Wiki » fait référence à une catégorie de sites dits « participatifs », dont le plus connu est l'encyclopédie en ligne Wikipédia, qui permet à ses utilisateurs de créer, d'enrichir et de modifier des pages entières, sur tous les sujets, conformément à une charte d'édition conçue et contrôlée par ses fondateurs.

Dans le cas de WikiLeaks, la puissance d'Internet a été mise au service du journalisme et du lectorat : elle a favorisé une collaboration inédite à l'échelle internationale des professionnels de la presse et des médias et a rendu accessibles aux citoyens ordinaires des informations jusqu'alors « secrètes ».

Ainsi, le journalisme entre de plain-pied dans la modernité digitale. Le tout en lien avec une philosophie et une vision exigeantes de l'information. Pour WikiLeaks et ses créateurs, il n'est pas question de servir une nourriture factice à des *followers* conquis par avance ou d'enrober des « idées » derrière quelques faux éléments, qui n'ont en réalité aucune source fiable, car aucune substance. Au contraire, WikiLeaks dépouille l'information de ses vieux oripeaux. Fini les articles d'opinion.

Apposé à « Wiki », le suffixe « Leaks » peut être traduit par le mot « fuites » en français. La contraction de ces deux termes a donné naissance à WikiLeaks, qui permet de publier des documents provenant de « fuites ». C'est de là que vient la réputation sulfureuse, et en même temps totalement innovante, de la démarche.

L'une des particularités de WikiLeaks réside dans son indépendance financière, qui protège la plateforme de toutes les immixtions, qu'elles viennent d'un État ou de grandes entreprises. Son fonctionnement technique est assuré par des dons, souvent anonymes.

WikiLeaks emploie des méthodes inspirées du journalisme : vérification des sources, sélection soigneuse et mise en ligne des documents, et, plus encore, diffusion d'informations en lien avec la presse traditionnelle. Le travail journalistique de WikiLeaks ne s'effectue donc pas en concurrence mais en collaboration avec les médias traditionnels, à commencer par les grands quotidiens nationaux. Le schéma, souvent reproduit, est que WikiLeaks, grâce à sa technologie de cryptage, concentre les « sources » qui livrent les informations, souvent sous la forme d'accès à des documents bruts.

L'équipe éditoriale engage ensuite un travail qui constitue à vérifier la véracité des documents, à les classer, à appréhender s'ils sont, ou non, d'intérêt public, puis à les publier. Dans cette seconde phase, la plateforme procède soit à la mise en ligne des données brutes, soit à leur publication en collaboration avec d'autres médias qui conditionnent et rendent les données plus intelligibles pour le grand public.

Pour comprendre le fonctionnement de WikiLeaks, il faut donc garder à l'esprit deux éléments majeurs.

D'une part, le succès de ce site a été permis par une innovation technologique : une méthode de cryptage garantissant à la fois l'échange d'informations et le secret des sources. C'est pourquoi Julian Assange est parfois présenté comme un lanceur d'alerte, ce qui est une sorte de raccourci déformant. En vérité, Assange est le relais de certains lanceurs d'alerte, à la condition que leur action touche l'intérêt général.

D'autre part, WikiLeaks n'est pas la source de l'information : le site en est l'éditeur, au même titre qu'un journal. Ici encore, dans notre défense de Julian Assange, il nous a parfois été objecté qu'il serait un « traître », parce qu'il divulguerait des éléments couverts par une forme de secret.

Le point est largement contestable, et fortement contesté. En effet, *Le Monde*, *El País*, *Der Spiegel* sont-ils accusés de révéler des informations reçues de leurs « sources » ? Devrait-on opérer un « tri » entre les informations ? Sur quelle base ? Qui pour en décider ?

2010. La vidéo **Collateralmurder**

Pour ce cinquième document, n'ayez pas peur de vous perdre dans les archives du Web en visionnant la vidéo *Collateralmurder*.

Nous sommes le 5 avril 2010. Julian et WikiLeaks entrent vraiment dans l'histoire et acquièrent une notoriété aux quatre coins du globe.

La vidéo est accablante pour l'armée américaine. Il s'agit de l'enregistrement d'une attaque contre des civils prise par la caméra embarquée d'un hélicoptère américain en Irak, le 12 juillet 2007. Au cours de cette offensive, dix-huit personnes sont tuées, dont deux journalistes de l'agence Reuters, et deux enfants sont blessés. Le tireur a confondu un simple appareil photographique avec un fusil d'assaut... Après la première salve, on peut entendre un échange où le soldat qui vient de tirer commente son exploit : « Regardez tous ces bâtards morts. » Et l'autre de répondre : « Pas mal ! »

À partir de cette date, la plateforme publie à intervalles réguliers une série de documents transmis par une « source », qui sera ensuite identifiée comme une analyste des services de renseignement de l'armée américaine en service en Irak en 2009, Chelsea Manning.

Cette dernière sera arrêtée des années plus tard, et admettra avoir été à l'origine de la fuite transmise à WikiLeaks... Condamnée à trente-cinq ans de prison en août 2013, elle verra sa peine commuée par Barack Obama en janvier 2017, après sept ans d'incarcération et de tortures diverses, pour reprendre les termes du rapporteur spécial de l'ONU, Nils Melzer.

Véritable onde de choc, ces publications sont immédiatement relayées par une vaste équipe de journaux internationaux de référence.

D'autres documents révélés à cette période pointent la prison d'Abou Ghraib (Irak). Ils attestent d'actes de torture commis par des militaires et par la CIA à l'encontre de prisonniers irakiens entre 2003 et 2004.

Au mois de juillet 2010 sont rendus publics les « *Afghan war logs* » (« journaux de guerre afghans »). Ce sont plus de 90 000 documents couvrant une période allant de 2004 à 2009. Ils sont composés d'une série de rapports confidentiels sur le conflit en Afghanistan. Rendus accessibles par WikiLeaks avant leur publication dans certains journaux partenaires de la plateforme, ils mettent au jour des décès de civils que les Américains n'avaient jusqu'alors jamais officiellement admis.

Enfin, à partir du mois de novembre 2010, WikiLeaks publie progressivement, en collaboration avec cinq des principaux médias internationaux qui ont participé dès le départ à l'analyse des documents (*The New York Times*, *The Guardian*, *El País*, *Le Monde*, *Der Spiegel*), plus de 250 000 messages cryptés dits « câbles diplomatiques » du Département d'État américain (c'est-à-dire du ministère des Affaires étrangères des États-Unis).

Un « câble diplomatique » est une communication entre le Département d'État américain et ses relais dans les pays étrangers, comme les ambassades. Ces documents offrent des révélations inédites sur la manière dont la diplomatie américaine envisage le monde, ses ennemis et ses alliés.

Ces publications marquent un tournant comparable, pour le journalisme, aux révélations du Watergate. Désormais, les agences de renseignement sont forcées d'agir en sachant que leurs agissements illégaux ne resteront peut-être pas toujours dans l'ombre. C'est le point fondamental qui fait basculer le débat d'un enjeu politique à une véritable guerre entre le renseignement américain et WikiLeaks. En somme, les États reconnaissent une certaine liberté d'expression, mais souhaiteraient en maîtriser le périmètre, en définir les limites et déterminer eux-mêmes ce qui peut être dit et ce qui ne doit pas l'être. Pour avoir franchi cette ligne, Assange est devenu l'ennemi public n°1.

S'ouvre alors le temps des ennuis et des poursuites. Face à l'ampleur des révélations et au scandale suscité, la réaction des États-Unis ne tarde guère. Les premiers coups de boutoir américains portés à destination de WikiLeaks ont un objectif clair : couper les vivres de l'organisation et l'empêcher au maximum de fonctionner. En décembre 2010, Paypal, Mastercard et Visa bloquent l'ensemble des paiements destinés à la plateforme.

La persécution et la traque de Julian ne font que commencer, prenant toutes les formes possibles et imaginables. Mais cette contre-attaque ne l'empêche pas de poursuivre son œuvre de vérité et de journalisme.

Été 2010. L'allumette suédoise

Ne vous étonnez pas à la vue de ce sixième objet : il s'agit bien d'une allumette, métaphore des contre-feux allumés par les adversaires de Julian pour réduire en cendres le combat de WikiLeaks.

Quelques semaines après les révélations sur l'Afghanistan, deux femmes, qui n'ont en réalité jamais souhaité porter plainte à l'encontre de Julian, se rendent dans un commissariat en Suède. Elles veulent le forcer à effectuer un test de dépistage au VIH, comme l'autorise la justice suédoise, invoquant une affaire d'ébats sans préservatif. Cette demande est très vite communiquée aux médias, qui la propagent comme un feu de forêt.

D'une problématique de dépistage, l'affaire devient un viol. D'une absence de plainte, on évolue vers une procédure pénale hypermédiatisée. Pourquoi ? Et qui est derrière tout cela ? La chronologie laisse quelques questions ouvertes…

C'est en tout cas l'étincelle suffisante pour que les médias alimentés par le renseignement américain commencent leur chasse. Désormais, le personnage public d'Assange est teinté de cette accusation, qui n'en est pas vraiment une, et qui sera même refermée de manière tout aussi surprenante et inexplicable qu'elle avait été ouverte…

La justice suédoise émet un mandat d'arrêt contre Assange. Julian n'est pas dupe et refuse de se rendre en Suède pour se jeter dans la gueule du loup. Il sait qu'en cas d'interpellation en Suède, les États-Unis demanderont l'extradition.

Cette affaire a agi comme un poison, une rumeur lancinante écornant l'image de Julian et brouillant le sens de sa lutte. Désormais, Assange n'est plus un journaliste ou un lanceur d'alerte, mais un accusé. À partir de ce moment-là, les États-Unis agiront sans relâche pour provoquer sa chute.

2011. Une photo d'hommes en tenue orange

Le septième document vous est familier. C'est un cliché montrant des hommes en tenue orange.

En mai 2011, comme les derniers rayons d'un soleil crépusculaire, la plateforme publie une nouvelle salve de documents classifiés sur la prison de Guantánamo, à Cuba. Ce sont des notes militaires accompagnées de vidéos relatives au sort des prisonniers.

Au fil de ces rapports, on découvre les actes de torture auxquels ont été soumis de nombreux détenus, leur état de santé, les informations prétendument retirées de leurs interrogatoires. Les États-Unis ont délibérément maintenu emprisonnées des personnes innocentes ou présentant un faible risque de menace… tout en relâchant des dizaines de prisonniers « à hauts risques ». Certains détenus l'ont même été sur la base de renseignements erronés. Cela n'est pas un fantasme, un secret ou une invention, mais un fait.

Quel est donc, ici encore, le sens de ces révélations ? Assange est-il un antiaméricain ? Un espion à la botte d'une puissance étrangère ? On l'accuse également de cela. Et pourtant, ce qu'il dévoile paraît plus essentiel que ce dont il se trouve accusé, à savoir que la première démocratie du monde éclipse le droit lorsqu'elle estime que des intérêts supérieurs la dispensent d'agir conformément à la Constitution, laquelle s'impose pourtant, en théorie, à chacun, y compris au président des États-Unis. D'où celui-ci tire-t-il sa légitimité si ce n'est de ce texte ? Le texte autorise-t-il des zones de non-droit ? C'est bien là tout le paradoxe.

Plus WikiLeaks multiplie les révélations, plus Julian se trouve exposé à une pression croissante.

2012. Un bâtiment en brique rouge

Changement de cap pour ce huitième document, avec une photo d'un bâtiment en brique rouge, au 3 Hans Crescent à l'intersection avec

Basil Street, au cœur de Londres. Vous avez déjà aperçu ce lieu à la télévision.

Le 19 juin 2012, Julian court vers l'ambassade d'Équateur au Royaume-Uni. Il s'y réfugie et sollicite l'asile. Pourquoi ?

Craignant d'être arrêté et remis à la Suède, ce qui aurait sans doute conduit à une extradition rapide aux États-Unis, lesquels n'étaient pas étrangers à la pression exercée par la justice suédoise, Julian n'a pas d'autre option que de fuir. Il s'abrite au sein de l'ambassade d'un pays qui n'est pas à la botte des Américains, du moins pas à cette époque, et qui lui accorde la nationalité. C'est là qu'il vivra pendant sept années. Dans une petite pièce dont il ne pourra plus jamais s'échapper. S'ouvre alors une nouvelle bataille pour le fondateur de WikiLeaks, une bataille qu'il mène retranché.

2012-2019. Une caméra allumée

Pour prendre connaissance du neuvième objet, je vous invite à lever les yeux vers cette caméra, dont le voyant rouge semble pointer dans votre direction.

Au cours des sept années qu'il passe au sein de cette ambassade, une société espagnole, UC Global, dirigée par David Morales (un ancien de la marine espagnole), est chargée d'assurer la sécurité du site.

Ici encore, l'histoire prend une tournure digne d'un film d'espionnage. Qui aurait pu croire que la sécurité de l'ambassade d'Équateur était assurée par une société contrôlée par le renseignement américain ? Pendant sept années, UC Global a filmé tous les faits et gestes d'Assange, de ses amis, de ses soutiens, de ses visiteurs et de ses avocats. Pendant sept années, les caméras, installées jusque dans les toilettes, ont donné à ceux-là mêmes qui le pourchassent des images continues sur ses projets, ses idées, ses craintes.

À cette époque, Donald Trump est le président des États-Unis. Mais le travail de WikiLeaks continue.

En 2015, en collaboration avec *Mediapart* et *Libération*, WikiLeaks divulgue des documents prouvant que la National Security Agency (NSA) a écouté trois anciens présidents français : Jacques

Chirac, Nicolas Sarkozy et François Hollande, entre 2006 et le 22 mai 2012. Le contenu de ces écoutes figurait dans des documents classifiés destinés à des responsables de la NSA.

Pendant l'été 2016, en pleine campagne présidentielle américaine opposant Hilary Clinton à Donald Trump, WikiLeaks publie des dizaines de milliers de courriels internes du parti démocrate américain (DNC) et de l'équipe de campagne de la candidate. Leur analyse a fait ressortir que la candidature d'Hilary Clinton avait été favorisée par le parti, au détriment de celle de Bernie Sanders. Ici encore, Assange revendique un sujet d'intérêt général et le droit de faire connaître des éléments qui sont vrais et que certains voudraient garder dans l'ombre des tractations politiciennes. Ici encore, l'amalgame est fait entre vérité et sécurité, comme si les deux notions n'étaient pas conciliables, comme si la révélation de faits aussi controversés n'était pas envisageable aux yeux de ceux qui exercent ou convoitent le pouvoir.

À compter de mars 2017, WikiLeaks rend publics de nombreux documents provenant de la CIA et décrivant les techniques développées par l'agence pour procéder à de la cybersurveillance.

On y apprend notamment que la CIA s'est donné les moyens de pirater l'ensemble des smartphones produits dans le monde et d'avoir accès à leurs communications sécurisées. Souriez, vous êtes écoutés !

Le personnage d'Assange devient la cible de campagnes médiatiques de plus en plus intenses. Dans un autre registre, Edward Snowden sera contraint de s'exiler pour échapper à une répression constante. Les États-Unis ont leurs opposants politiques et leur façon de les traiter.

Avril 2019. Un passeport déchiré

Le dixième document est un passeport déchiré, symbole d'une page qui se tourne, d'une histoire sans dénouement et d'une identité volée.

Nous sommes le 11 avril 2019, un groupe de « *Bobbies* » est enfin autorisé à pénétrer dans l'ambassade pour déloger Assange. Il vient tout juste d'être déchu de sa nationalité équatorienne.

Il aura fallu seulement quelques interventions politiques pour que les États-Unis obtiennent du nouveau président équatorien qu'il révoque la protection que son prédécesseur avait consentie. En un jeu d'écriture, Assange passe du statut d'intouchable à celui de prisonnier. Le droit est flexible quand son application dépend du bon vouloir de l'exécutif. Un jour accusé, un jour protégé, un jour déchu, un jour prisonnier. Et demain ? Gracié ou condamné ?

Les policiers menottent Assange, que l'on aperçoit, sur l'une des dernières photographies publiques de lui, la barbe longue, le regard hagard. Il est perdu. Il sait que la prison de Belmarsh est la première étape vers le silence et l'oubli.

Mai 2019. Un rapport psychologique

Examinez ce onzième document. Il fait partie d'une longue liste de rapports psychologiques. Tous établissent sans débat que Julian souffre d'un stress chronique, de plus en plus grave, causé par une accumulation de facteurs : exiguïté des locaux, manque de lumière et d'exercice, privation sensorielle, isolement social, suspension punitive de ses accès à des visiteurs, au téléphone et à Internet.

En mai 2019, le rapporteur spécial des Nations unies pour la torture, le professeur Nils Melzer, accompagné de deux experts médicaux, a conclu que Julian était exposé à « plusieurs formes de traitements cruels, inhumains ou dégradants qui, de manière cumulée, relèvent de la torture psychologique ».

L'histoire de Nils Melzer est éloquente. Comme il l'expose lui-même dans son ouvrage consacré à l'affaire Assange, cet universitaire ne s'était pas penché sur le sujet avec un *a priori* très favorable[1]. Sérieux et objectif, il a cependant pris sur lui d'analyser les milliers de documents qui composent ce fameux « dossier », dont beaucoup parlent, que beaucoup commentent, sans pourtant l'avoir jamais vu de près… C'est le dossier, ou plutôt l'absence de toute charge sérieuse, qui a convaincu Nils Melzer : Assange n'a rien à faire dans cet enfer. C'est un cas de détention arbitraire, reconnu comme tel par toutes les instances spécialisées des Nations unies. Et pourtant, rien ne se passe…

---

1. Nils Melzer, *L'Affaire Assange. Histoire d'une persécution politique*, Éd. Critiques, 2022.

Pendant ce temps, les signes de la fatigue, de la maladie, de l'angoisse et du désespoir sont bien réels et perceptibles. Mon confrère et ami Christophe Marchand et moi, nous nous efforçons, à chacune de nos visites dans ce lieu de désolation, d'apporter, avec nos deux cafés *latte*, un peu d'espoir et de bonne humeur. Et certains jours, nous confessons notre échec.

Comme ce matin où, après avoir laissé Julian, nous avons appris, sur le parking, que deux juges britanniques avaient ouvert la voie à une extradition vers les États-Unis. Nous étions dehors. Impossible de revenir sur nos pas pour lui annoncer la triste nouvelle. Il l'apprendra par téléphone. Quelle décision pourrait-il prendre devant un destin aussi cruel ? Défendre le cas Assange, c'est aussi ressentir une immense impuissance, une responsabilité face à l'absurde, au risque qu'un jour la lumière ne s'éteigne. Il nous faut, tous, entretenir la flamme.

Septembre 2021.
Une enquête de Yahoo News

Le douzième document est un article publié le 26 septembre 2021 sur le site Yahoo News. Son titre : « Kidnapping, assassination and a London shoot-out : Inside the CIA's Secret War Plans against WikiLeaks » (« Enlèvement, assassinat et fusillade à Londres : les plans de guerre secrets de la CIA contre WikiLeaks »), sous la plume des journalistes Zack Dorfman, Sean D. Naylor et Michael Isikoff. Vous le retrouverez sans difficulté.

Cette enquête de Yahoo News repose sur des entretiens avec plus de trente anciens hauts fonctionnaires du contre-espionnage américain, agents des services de renseignement et responsables de la sécurité nationale.

Dans ce papier, est détaillée une campagne sans précédent de la CIA et de l'administration américaine contre WikiLeaks et son fondateur.

On y apprend que l'agence a constitué un groupe d'analystes, appelé officieusement l'« équipe WikiLeaks », dont la mission consistait à enquêter sur l'organisation. La CIA a surveillé les communications et déplacements, piraté à distance, diffusé des informations nuisibles et même volé les appareils de nombreux membres de WikiLeaks, y compris ceux d'Assange lui-même. Ce dernier faisait l'objet d'une surveillance audio et visuelle systématique. Des informations concernant Assange étaient fréquemment incluses dans le « President's Daily Brief » de Donald Trump, un document top secret préparé par les agences de renseignement américaines, résumant les questions de sécurité nationale les plus importantes de la journée.

La plateforme de journalisme est dès lors traitée comme un « service de renseignement hostile non étatique », selon la formule prononcée par Mike Pompeo, alors directeur de la CIA, devant le Center for Strategic and International Studies, dans une volonté manifeste de la discréditer, de créer la discorde entre ses membres et de permettre la mise en place de mesures extrêmement graves contre Julian.

Il ressort de l'article que les agents des services de renseignement américains envisageaient d'enlever Julian pour le ramener, *via* un pays tiers, jusqu'aux États-Unis. Une variante de cette proposition prévoyait que des agents américains enlèvent Assange de l'ambassade équatorienne et le remettent aux autorités britanniques.

Pire, l'enquête démontre que l'assassinat de Julian a été sérieusement réfléchi. Craignant qu'il ne s'enfuie vers la Russie, la CIA a imaginé plusieurs scénarios où il serait tué dans les rues de Londres lors d'une fusillade contre des agents du Kremlin ou dans un accident de voiture avec un véhicule diplomatique russe. La possibilité d'empoisonner Assange aurait également été envisagée.

Avec cet article aussi fouillé qu'édifiant, Julian obtient la confirmation que ses accusateurs sont prêts à tout, y compris aux méthodes les plus illégales, pour le faire disparaître.

Mars 2022. Un acte de mariage

Le treizième document marque une parenthèse enchantée, presque furtive : c'est un acte de mariage, une bouffée d'oxygène dans un torrent asphyxiant.

Le 22 mars 2022, Julian accomplit un acte d'homme libre : il se marie avec celle dont il partage la vie depuis 2015.

Cette femme se nomme Stella Morris. Avocate d'origine sud-africaine, spécialiste des droits de l'homme, elle est depuis plus d'une décennie une voix puissante de la défense d'Assange. Une voix qui résonne sur tous les continents et dans toutes les assemblées, du Parlement européen à la fête de l'Humanité. Mais une voix qui n'a eu, ce jour-là, qu'un seul mot à dire : « Oui ».

Une centaine de personnes endimanchées et souriantes se sont regroupées pour accueillir Stella devant les briques de la prison. D'ordinaire peu excentrique, elle rayonne dans sa robe de soie gris argent et son voile brodé de graffitis multicolores, dessinés par Vivienne Westwood et Andreas Kronthaler, amis de longue date du couple. Gabriel et Max, leurs deux enfants, ont revêtu des petits kilts, identiques à celui que porte leur père, clin d'œil à ses origines écossaises, mais aussi à son non-conformisme.

Quatre proches du couple seulement sont autorisés à assister à la cérémonie à l'intérieur de la prison : le père et le frère de Julian, la mère et la sœur de Stella. Pas de photos, pas de musique. Pour des raisons de « sécurité », évidemment…

Et surtout, pas de contacts physiques. Le droit au respect de la vie familiale, protégé par l'article 8 de la Convention européenne de sauvegarde des droits de l'homme et des libertés fondamentales, a certes contraint les autorités britanniques à accorder ce « mariage ». L'arbitraire, pourtant, n'est jamais très loin, et aucune loi ou convention internationale n'a pensé à garantir le droit d'embrasser la mariée. Pas de loi, pas de droit.

Cela ne gâche pas la fête pour autant. Devant la prison, Stella est ovationnée comme à la sortie d'une église. Pour la première fois, il pleut des confettis sur le parking de Belmarsh. Stella Morris est désormais Stella Assange. Pour le meilleur et pour le pire.

Février 2024. Un jugement

Le quatorzième objet est un simple badge : un laissez-passer que j'ai utilisé pour assister à une audience devant la High Court of Justice de Londres, chargée de statuer sur la demande d’extradition de Julian Assange présentée par les États-Unis au Royaume-Uni.

Vous vous demandez sans doute quel était l’enjeu de cette audience, qui a eu lieu les 20 et 21 février 2024. Pour le résumer, la High Court devait décider si Julian avait le droit de faire appel de la décision du District Judge du 22 avril 2022 autorisant son extradition, et de la décision subséquente de la secrétaire d’État (ministre de l’Intérieur britannique), Priti Patel, ayant ordonné son transfert vers les États-Unis.

Le jugement a été rendu le 26 mars 2024. Julian ne sera pas immédiatement extradé. Mais le répit est de courte durée. Les juges de la Haute Cour de Londres ont donné trois semaines aux autorités américaines pour apporter des « assurances satisfaisantes », par voie diplomatique, que la nationalité de Julian ne lui sera pas préjudiciable lors d’une éventuelle procédure judiciaire aux États-Unis, qu’il n’encourra pas la peine de mort et qu’il bénéficiera du premier amendement de la Constitution américaine, protégeant la liberté d’expression, qu’il pourra invoquer au même titre qu’un ressortissant des États-Unis.

Si ces assurances sont fournies, une audience aura lieu le 20 mai 2024 pour examiner leur effectivité.

Si les juges britanniques considèrent que les garanties demandées ne sont pas assurées, le droit d'appel sera accordé et un nouveau procès se tiendra au Royaume-Uni pour débattre de l'extradition de Julian.

En cas de décision favorable aux autorités américaines, si les assurances sont satisfaisantes, les recours possibles au Royaume-Uni seront épuisés, ce qui ouvrira la voie à une extradition. Julian ne pourra plus alors se tourner que vers la Cour européenne des droits de l'homme.

*

En dix-sept ans, WikiLeaks a diffusé plus de dix millions de documents que lui ont transmis des lanceurs d'alerte, révélant des scandales majeurs de corruption, d'espionnage et de violation des droits de l'homme partout dans le monde. C'est pour ce travail que Julian Assange est aujourd'hui emprisonné.

Argumentation

« Si la cause est simple,
le fil de l'argumentation le sera aussi,
autant pour démontrer que pour réfuter ;
le style s'élèvera à mesure que le sujet grandira. »

CICÉRON

Comment résumer en quelques pages une affaire qui s'étale sur plus d'une dizaine d'années ? De nombreux livres et films, des centaines de témoignages, des milliers de documents, des millions de manifestants, et pourtant l'essentiel semble toujours nous échapper.

Pour comprendre cette histoire dans le détail, il faudrait dresser l'organigramme de ses artisans, connus et inconnus, éplucher les notes du renseignement qui, dès les prémices, avait tracé la carte des opérations. Le dossier judiciaire a été préparé comme on prépare une guerre. Car la « guerre » judiciaire (*lawfare*) n'est pas un phénomène nouveau.

Pour nous en rendre compte, prenons une machine à remonter le temps. Nous sommes sur le Campo de'Fiori, à Rome, le 17 février 1600.

Une foule se masse devant un bûcher, celui dressé pour Giordano Bruno.

Cette exécution publique pourrait sembler banale quand on pense au nombre d'accusés, coupables ou innocents, qui ont été décapités, crucifiés, la tête à l'envers, à l'endroit, pendus, écartelés, exécutés, brûlés. Chez les Romains, le parricide, par exemple, donnait lieu à un châtiment un peu spécial : on recouvrait la tête du condamné d'un sac dans lequel on glissait deux vipères. En matière d'atrocité, l'esprit humain n'a pas de limites.

Mais ce qui nous intéresse, dans le cas de Giordano Bruno, c'est moins la façon dont il a été mis à mort que la manière dont il a été accusé.

Loin d'avoir à répondre d'une charge claire, dans un délai raisonnable, tranchée par un juge ou un tribunal indépendant et impartial, Giordano Bruno a été soumis à une torture méconnue du grand public.

L'accusation visait des points de pure théologie, avant d'évoluer vers d'autres récriminations, l'éloignant ou le rapprochant du bûcher au fil des jours, au gré des humeurs de ses bourreaux. Soumis à la question par l'Inquisition, il a vu l'acte d'accusation s'allonger : lui ont peu à peu été reprochés des faits d'athéisme, d'hérésie et de magie, autant de crimes qui, il y a cinq siècles, pouvaient vous envoyer rôtir sur la place d'une ville…

À cette époque, Giordano Bruno s'est défendu pied à pied, à tel point qu'il a même été blanchi par les tribunaux vénitiens. Mais c'était compter sans les ruses de ses puissants adversaires, au premier rang desquels le pape Clément VIII, et surtout le fait qu'il y a des causes qui, comme une pièce de théâtre, ont une conclusion écrite depuis le début. Le seul enjeu est de prolonger le suspens en faisant croire que tout est possible.

Pendant la période de procès, qui court de 1592 à 1600, Giordano Bruno est torturé physiquement et psychologiquement par le cardinal jésuite Roberto Bellarmino qui, à diverses reprises, lui propose de se rétracter. À l'occasion, Giordano Bruno cède, avant de se ressaisir, sûr de détenir une vérité scientifique en opposition frontale avec la *doxa* de son temps, celle de l'Église.

Au bout de huit ans de procédure, ponctuée d'avancées et de reculs, d'acquittement puis de condamnation, de tortures et de vie recluse, le pape Clément VIII finit par ordonner arbitrairement sa condamnation à mort. La vie de Giordano Bruno s'achève donc au centre de Rome un soir de février 1600.

Si cette histoire fait écho à celle de Julian Assange, c'est surtout parce qu'elle réunit tous les ingrédients d'une bataille universelle et intemporelle : celle qui oppose l'idéal de justice au règne de l'arbitraire ; une cause qui, à elle seule, explique la vocation de tant de jeunes avocats.

*

Pour démêler les fils complexes de ce dossier, revenons un instant aux conseils avisés de Cicéron. À cause simple, argumentation simple. En l'espèce, trois éléments permettent de comprendre l'affaire Assange et la méthode dont Julian a été victime.

Premièrement, il y a le *lawfare*, dont la variante moderne réactualise les procédés utilisés jadis contre Giordano Bruno. Le droit, censé protéger l'individu de l'arbitraire du pouvoir et de la loi du plus fort, se mue en arme mortelle et en instrument de persécution. De fausses accusations en coups tordus, rien n'est laissé au hasard pour détruire Julian.

Deuxièmement, il y a la transformation de l'institution judiciaire en une machine de guerre destinée à annihiler toute possibilité de défense. Comme à l'époque du procès Dreyfus, la justice bafoue ses propres principes pour servir un combat politique, sinon idéologique. L'État de droit disparaît au profit d'une administration judiciaire qui ignore les droits de l'homme.

Troisièmement, il y a la mise en place méthodique d'un labyrinthe normatif inextricable afin que Julian et ses avocats ne puissent jamais se sortir des procédures et des accusations qui l'accablent depuis plus de dix ans. Le cours normal de la justice est remplacé par une parodie de procès – je dirais même une absence de procès – aux relents tristement kafkaïens.

*

Commençons par le *lawfare*. C'est à la lecture d'un ouvrage du professeur Daniel Mainguy que j'ai enfin décrypté ce que révélaient les mésaventures de Julian Assange. Dans un essai intitulé *Droit de la « guerre atypique »*, qui s'intéresse aux mutations récentes des conflits non armés et non militaires (*lawfare*, guerre économique et informationnelle), l'auteur montre parfaitement comment le champ de bataille s'est transformé ces dernières années.

Lawfare *partout, justice nulle part !*

Aux guerres traditionnelles, mettant aux prises des armées et des soldats, ont succédé des affrontements et des agressions reposant sur d'autres moyens : cyberattaques, opérations de désinformation ou utilisation du levier du droit comme « gourdin juridique ». Un art dans lequel les États-Unis sont passés maîtres…

Cette méthode porte un nom. Elle s'appelle le *lawfare*. Le *lawfare* est la contraction de deux mots anglais (*legal* et *warfare*) que l'on peut traduire par « guerre légale » ou plutôt « guerre par le droit ». Dans l'affaire qui nous intéresse, on pourrait même parler de « guerre au droit » tant les procédés mis en œuvre bafouent les principes cardinaux de la justice.

Car le *lawfare* ne se limite pas à la sphère économique. Il déploie aussi ses tentacules dans l'espace politique et démocratique. Vous vous demandez probablement comment se concrétise cette version du *lawfare*.

Rien de plus simple, en dépit du caractère sophistiqué et pervers de la méthode. Cela signifie que des entités – États, grandes entreprises ou institutions publiques – utilisent les procédures judiciaires comme un arsenal pour ralentir des actions, stopper des dispositifs, faire valoir leur position envers et contre tout. En résumé, cela revient à se servir des lois dans une forme de guerre atypique qui consiste à pervertir le droit pour l'utiliser comme une arme afin d'éviter d'être mis en cause par les citoyens.

En français, on parle de « procédure bâillon » lorsqu'est menée une action judiciaire dont on peut penser qu'elle est bancale, avec une chance de réussite faible, mais qui peut freiner une situation, faire reporter une décision ou dissuader quelqu'un de persévérer dans une opération.

L'objectif est d'éteindre la parole et l'expression des opposants par une pression procédurale constante et intenable. Le but est de leur faire jeter l'éponge, de les rendre inaudibles et de saper les moyens de leur défense.

C'est un détournement de la finalité des institutions judiciaires, qui se veut protectrice, et dont la vocation est de régler les conflits et d'installer la concorde dans les relations sociales. C'est une forme préoccupante de trahison du contrat social. Les détenteurs d'un pouvoir politique ou économique multiplient les procédures non plus pour faire respecter leurs droits, mais pour empêcher toute contestation. Celles-ci limitent le pouvoir de la presse et des journalistes, brident les actions des lanceurs d'alerte, inhibent les contestations et perturbent la transmission de l'information.

Avec cet essor incontrôlé du *lawfare*, le débat public est confisqué. Il se retrouve encadré par les tribunaux. La procédure n'est plus un moyen de régler un différend, mais une pression qui vise à paralyser l'action d'un opposant.

*

À ce stade de la démonstration, vous n'aurez aucun mal à établir le lien entre le *lawfare* et l'affaire Assange. Pour faire taire Julian, les États-Unis ont commencé par recourir à des armes « conventionnelles ». Ils ont d'abord utilisé des sanctions financières, dès décembre 2010, au moment où Paypal, Mastercard et Visa ont bloqué l'ensemble des paiements destinés à WikiLeaks. Puis ils ont espionné Julian de manière permanente lorsqu'il s'est réfugié à l'ambassade d'Équateur à partir de 2012. Et en 2017, la CIA a même prévu de l'enlever et de l'assassiner. Déterminés à l'éliminer financièrement et physiquement, les États-Unis n'ont pas lésiné sur les moyens.

Ces méthodes ne suffisant pas à supprimer leur cible, ils sont passés à la vitesse supérieure. Ils ont dégainé une arme de destruction massive, aussi atypique que perverse : le *lawfare*, qui engendre des procédures et des décisions dont il est presque impossible de se sortir. Comme Giordano Bruno ou Galilée en leur temps, Julian Assange se retrouve soumis à des accusations sans cesse mouvantes. Il est enfermé dans un système sans fin.

De l'institution à l'administration judiciaire

Depuis le début de la procédure contre Julian Assange, les appareils judiciaires américain et britannique se sont transformés en machine de guerre pour anesthésier – voire euthanasier – un opposant et contrarier le travail de ses avocats.

Des États « démocratiques » ont décidé de lancer des procédures tous azimuts contre un seul homme pour le réduire au silence après avoir tenté de le décrédibiliser dans l'opinion publique en commençant par le traiter de menteur, puis en le faisant accuser de viol en Suède dans un récit cousu de fil blanc. Une opération pernicieuse a été engagée pour le rayer de la carte.

La justice n'est plus utilisée comme une institution aux vertus réparatrices mais comme une administration en charge de persécuter. Comme au temps de l'affaire Dreyfus…

Dans le cas de Julian Assange, c'est la liberté d'informer qui est poursuivie devant les tribunaux. Voilà plusieurs années qu'il est mis en cause et retenu en captivité alors qu'il n'a jamais été condamné ! Pourquoi ? Son seul « crime » est d'avoir diffusé des informations avérées.

Or, comme il est difficile d'enfermer un homme pour un motif aussi dérisoire, ses inquisiteurs ont échafaudé une procédure incompréhensible qui ne lui laisse aucune échappatoire. Ils n'hésitent pas à tordre le droit, à déformer la réalité et à entretenir la confusion autour du profil de Julian.

Prenons l'exemple de l'acte d'accusation du 23 mai 2019 : le procureur y reproche à Julian son rôle d'incitation des lanceurs d'alerte par le biais d'une sorte de « liste de courses » (appelée *most wanted leaks*), affirmant qu'il avait activement encouragé Chelsea Manning à consulter des dossiers. En réalité, ces faits relèvent d'un comportement journalistique parfaitement courant, comme l'utilisation de logiciels libres et de stockage de documents dans le *cloud* ou le fait de recevoir sciemment des informations classifiées.

Ne vous laissez pas abuser par ces fausses pistes : Julian Assange est un journaliste, pas un lanceur d'alerte. Il est le créateur et le développeur d'un projet technologique novateur, voire révolutionnaire, dans la planète de l'information. WikiLeaks a permis d'assurer aux « sources » journalistiques une protection totale, limitant ainsi les risques de représailles.

C'est à partir de WikiLeaks que les démocraties, et notamment l'Union européenne, ont pris la mesure du statut juridique particulier de « lanceur d'alerte » et de sa nécessaire protection légale. Auparavant, elle n'était que « technologique », et c'est une des causes des malheurs actuels de Julian Assange : avoir constitué un espace imperméable qui échappe aux contrôles des grandes puissances. Un espace de liberté qui favorise la diffusion d'informations vérifiées et susceptibles de dévoiler des actions illégales.

C'est ce type de données que les États voudraient ne jamais voir rendues publiques. Non pas parce qu'elles seraient fausses, ou trop « confidentielles », mais parce qu'elles peuvent engager directement la responsabilité et les comportements des gouvernants et de leurs administrations.

Ici se situe le nerf de la « guerre » entre Assange et les États-Unis : les actions de WikiLeaks ont pour but d'amener les dirigeants à rendre des comptes là où ils espéraient sans doute pouvoir s'extraire du cadre légal démocratique. Comment en douter lorsque l'on repense aux révélations de 2010 ? Quel gouvernement démocratique souhaiterait que des crimes de guerre et des viols manifestes des droits de l'homme éclaboussent son image ?

Diffuser ces vérités qui dérangent n'est néanmoins pas un crime.

Cela explique pourquoi, à l'origine, les États-Unis, et plus spécialement l'administration du président Obama, étaient réticents à l'idée de poursuivre Julian Assange. En raison de la protection conférée par le premier amendement de la Constitution américaine, qui garantit de manière très étendue la liberté d'expression et le droit de la presse, les accusations formulées à son encontre risquaient de s'effondrer comme un château de cartes.

Considéré comme l'un des piliers de la démocratie américaine, ce texte a toujours fait obstacle à la poursuite d'un journaliste ou d'un organe de presse pour la publication de documents classifiés, comme dans la célèbre affaire des Pentagon Papers. Il n'existe, aux États-Unis, absolument aucun précédent d'éditeur de journalistes qui aurait été condamné pour cette raison. Or la protection du premier amendement est refusée à Julian Assange par les États-Unis au prétexte qu'il n'est pas américain… alors que cela n'a jamais constitué une condition pour en bénéficier. Une aberration de plus… Qui s'en étonnera ?

Le premier amendement ne s'oppose pas, en revanche, à la condamnation des personnes qui les ont fait fuiter. D'où celle de Chelsea Manning en août 2013.

D'où aussi les tirs croisés pour brouiller l'image de Julian Assange et de WikiLeaks. En gommant son statut de journaliste et en le couvrant d'opprobre, la justice américaine lui a réservé un traitement « spécial », à mille lieues des règles normales du droit.

La qualification juridique des faits est pourtant limpide. Écoutez bien ce qu'écrit le juge Baltasar Garzón, qui pilote la coordination de la défense de Julian Assange : « Le cas Assange est très clair d'un point de vue juridique. Il s'agit d'une persécution politique, motivée par le fait qu'il est journaliste, qu'il accomplit les devoirs que tout journaliste devrait s'imposer à lui-même de fournir des informations véridiques et de les diffuser. En l'occurrence, il a permis de dévoiler des actes très graves et délictueux commis par les États-Unis. Ces délits sont le fait des agences de renseignement et de l'armée américaines dans des zones de conflit, en Irak et en Afghanistan, ainsi que de certaines sociétés multinationales, coupables de pratiques de corruption. C'est la raison pour laquelle on le persécute. »

En résumé, Julian Assange est d'abord un journaliste qui a effectué son travail correctement. En droit, il pratique la liberté d'information en usant de sa liberté d'expression. En conséquence, pourquoi n'est-il pas poursuivi par les États-Unis en application du droit de la presse ? Sans doute parce que les lois américaines sont peu restrictives, que le premier amendement de la Constitution américaine protège la liberté d'expression comme un droit fondamental et qu'il ne risquerait pas grand-chose. En tout état de cause, pas cent soixante-quinze ans de prison ni la peine de mort…

De plus, il est retenu en Angleterre sous l'effet d'une demande d'extradition émise en application de l'*Espionage Act*. Répétons ici pour la bonne compréhension de chacun qu'il n'a jamais mis les pieds aux États-Unis et qu'il n'est pas citoyen américain. Au nom de quel principe la justice américaine a-t-elle réussi à faire retenir Julian

Assange prisonnier en Angleterre ? Quelque principe supranational justifie-t-il cette situation ?

La seule raison qui explique sa détention, c'est la mise en place méthodique d'un labyrinthe normatif et d'un arsenal judiciaire qui s'affranchissent du droit. Les concepteurs de cette stratégie n'ont pas seulement condamné Julian Assange par avance. Ils l'ont privé de sa liberté, de sa parole, et même de son identité.

*

Qui osera dire qu'une telle dérive n'est pas inquiétante pour la démocratie ?

Ne pas se rebeller contre cette dégénérescence du droit, c'est nier l'existence de contre-pouvoirs. C'est considérer que les gouvernements démocratiques n'ont pas besoin de garde-fous dans la société civile. C'est accepter l'écrasement sous le poids de procédures disproportionnées de ceux qui veulent informer librement.

En somme, pour reprendre une image connue de tous, c'est vouloir que Goliath l'emporte sur David. Ici, le fort écrase le faible. L'injustice triomphe de la noble cause. La loi du plus puissant s'impose au détriment de la morale.

Le labyrinthe normatif

Et pour cause : la justice américaine a plongé Julian Assange et ses avocats dans un labyrinthe normatif dont nul n'entrevoit la sortie. En multipliant les procédures et les actes d'accusation, l'affaire est délibérément rendue illisible, incompréhensible et inintelligible. Tout a été orchestré pour que sa défense s'enfonce dans un dédale sans fin et bute sur des impasses.

Un système kafkaïen

Au lieu d'être protectrice des libertés, la norme devient le piège d'un système qui se referme inévitablement sur l'accusé. « Kafkaïen » est l'adjectif qui se prête le mieux au sort de Julian. Pour reprendre la définition qu'en donne le *Dictionnaire de l'Académie française*, ce terme évoque « l'égarement de l'individu pris dans l'absurdité d'une machine administrative qui n'est elle-même que l'expression des absurdités du destin ». La situation serait « seulement » ubuesque si elle ne possédait pas une touche de torture et de cruauté supplémentaire…

À mes yeux, il existe un ouvrage qui offre une description littéraire fidèle et authentique de ce fonctionnement vicié de l'institution judiciaire. Dans *Le Procès*, publié en 1925 à titre posthume, Franz Kafka met en scène Joseph K., un célibataire de trente ans qui travaille dans une banque et se retrouve soudain aux prises avec un tribunal aussi étrange qu'implacable. Il ne connaît ni les raisons de l'accusation, ni son origine, ni même son contenu véritable.

Le roman retrace le parcours de cet homme, ou plutôt sa quête de sens, dans un univers absurde. Plus les magistrats lui parlent, moins il comprend. Plus il s'enfonce dans la procédure, plus il est perdu. Humilié par les mots, les formes et les rites, il se fait balader de couloir en couloir, d'intermédiaire en intermédiaire. Chacun est censé lui expliquer le fonctionnement du système, mais progressivement, Joseph K. comprend… Il comprend que personne n'y comprend rien et qu'il n'y a rien à comprendre. Au fil des pages, le personnage s'enfonce et Kafka ironise sur cet « appareil très curieux » qu'il parvient à dépeindre de manière subtile, sans jamais en décrire les rouages concrets.

Comment ne pas effectuer le rapprochement avec le destin de Julian Assange ?

Si Julian avait commis un vrai crime, il existerait un seul et unique acte d'accusation, justifié par des éléments clairs. Or, rien de tel dans cette affaire. Depuis le début, la justice américaine n'a eu de cesse d'empiler les chefs d'accusation et les procédures pour étouffer sa défense.

Bien que ce lacis judiciaire semble inextricable, je vous propose de suivre le fil d'Ariane qui relie encore Julian à l'espoir d'être libéré. Même les labyrinthes les plus tortueux possèdent une sortie…

Le droit et le tordu

En guise de préambule – avant de vous infliger l'indigeste cuisine des magistrats américains et britanniques –, j'aimerais partager avec vous une réflexion plus générale sur le droit, ses usages et ses mésusages. C'est un univers que les non-initiés ont tendance à trouver aride, pour ne pas dire ésotérique. Je vous rassure : même les juristes confirmés ont parfois de quoi se perdre dans certaines distinctions byzantines.

Pourtant, en théorie, tout est fort simple. On peut s'amuser avec tous les mots qui désignent des normes : règlements, directives, lois, ordonnances, décrets, lois constitutionnelles, etc. Nous avons l'embarras du choix.

Idem pour le fonctionnement juridique de l'Europe. Il y a l'Union européenne, qui n'a rien à voir avec le Conseil de l'Europe. Mélanger les deux est une grave confusion qui entraîne le redoublement assuré pour un étudiant en droit...

L'Union européenne est une construction politique, héritière d'une communauté économique, qui a été instituée par plusieurs traités signés durant la seconde moitié du XXe siècle. Elle compte aujourd'hui vingt-sept États. La « Convention européenne », elle, est un traité international qui regroupe une cinquantaine d'États signataires, membres du Conseil de l'Europe (à ne pas confondre, donc, avec l'Union européenne, ou la Commission européenne, son organe exécutif). Et pour simplifier les choses, il y a quelques années, on a élaboré une Charte des droits fondamentaux de l'Union européenne, soit une convention européenne des droits fondamentaux, qu'il ne faut absolument pas confondre avec la Convention européenne des droits de l'homme. Lequel d'entre vous a compris quelque chose ?

L'objectif de mon propos n'est pas de vous faire une démonstration par l'absurde. Seulement d'attirer votre attention sur un point : si cette architecture juridique est censée garantir un maximum de droits aux individus, elle peut aussi se retourner contre le justiciable. D'un droit protecteur, connu du plus grand nombre, nous glissons peu à peu vers un amoncellement de normes ultra-sophistiquées qui obscurcissent les débats et le fonctionnement de la justice.

Le Conseil d'État ne notait-il pas, dans son rapport public de 1991 sur la sécurité juridique, que « quand le droit bavarde, le citoyen ne lui prête plus qu'une oreille distraite », tout en dénonçant le risque d'« un droit mou, [d']un droit flou, [d']un droit à l'état gazeux » ?

L'affaire Assange ne déroge pas à ce constat. Avec son empilement d'actes d'accusation et de procédures spécieuses, elle en est même la quintessence.

Les trois actes d'accusation

Reprenons les choses dans l'ordre.

Le premier acte d'accusation a été émis à son encontre le 6 mars 2018 par un « grand jury » – retenez bien ce terme – de la ville d'Alexandrie, dans l'État de Virginie, pour conspiration afin de commettre une intrusion dans un système informatique. Il se limitait à sept pages, expliquant comment Assange aurait tenté, sans succès, de pirater un mot de passe avec l'aide de Chelsea Manning. Si ce piratage avait réussi, il aurait permis à Manning d'accéder aux documents classifiés sous une autre identité que la sienne, ce qui aurait rendu plus difficile son identification.

Pour vous, qui n'êtes sans doute pas familiers de la procédure pénale américaine, sachez que le grand jury est une institution clé de la justice aux États-Unis. Il s'agit d'un groupe de jurés tirés au sort à la demande d'un procureur. Composés de seize à vingt-trois citoyens, le grand jury décide, en fonction des éléments présentés par le magistrat, s'il y a lieu de tenir un procès.

Concrètement, le procureur doit convaincre les jurés qu'il existe suffisamment de preuves que la personne mise en cause a commis une infraction. S'il estime que c'est le cas, le grand jury prépare ensuite un acte d'accusation ouvrant la voie à un procès. L'émission d'un tel document, qui présente les faits reprochés au mis en cause ainsi que leur qualification juridique, peut demeurer totalement secrète : on dit alors que l'acte d'accusation est « scellé ». Il arrive parfois qu'il ne soit rendu public que des années après…

Le caractère non contradictoire de cette procédure permet au procureur de présenter les faits comme il l'entend. Il peut donc choisir, à dessein, de passer sous silence des éléments qui seraient favorables à la défense. En pratique, il est très rare qu'un dossier soumis par un procureur à un grand jury ne débouche pas sur une mise en accusation. Un ancien juge haut placé de la cour d'appel de New York, qui a longtemps milité pour la suppression de cette instance, avançait qu'un procureur pourrait convaincre un grand jury de « poursuivre un sandwich au jambon » !

Il aurait aussi pu ajouter qu'un procureur n'aurait aucun mal à persuader un grand jury qu'un simple journaliste est en réalité un espion ou un criminel…

C'est par le biais de cette procédure inique que Julian est poursuivi par les États-Unis.

L'acte d'accusation du 6 mars 2018 ne laissait toutefois pas présager qu'il risquait cent soixante-quinze ans de prison. Il lui était surtout reproché d'avoir facilité « l'acquisition et la transmission par Manning d'informations classifiées liées à la défense nationale des États-Unis afin que WikiLeaks puisse diffuser publiquement ces informations sur son site web ». Pour cette infraction, Julian Assange encourait une peine de « seulement » cinq ans d'emprisonnement.

Pour faire monter l'addition, l'accusation a rivalisé d'imagination.

Le 23 mai 2019, un acte d'accusation complémentaire a été adopté contre Julian, ajoutant à l'infraction informatique dix-sept chefs d'accusation fondés sur la loi de 1917 relative à l'espionnage, l'*Espionage Act*. Son crime supposé ? Avoir conspiré avec Chelsea Manning, l'avoir encouragée et aidée à obtenir des documents classifiés, mais aussi avoir reçu et tenté de recevoir ces informations, et enfin, avoir publié les documents contenant ces dernières.

Au terme de ces nouvelles accusations, Julian doit répondre de dix-huit chefs d'accusation et risque un total cumulé de cent soixante-quinze années de prison, le système américain procédant à l'addition mathématique des peines encourues. Ce mécanisme conduit d'ailleurs souvent, comme c'est manifestement le cas ici, à la segmentation des faits. Cela permet une multiplication de charges artificiellement décomposées, pour parvenir à un total de peines plus élevé. Mais l'acharnement minutieux ne s'arrête pas là.

Le 24 juin 2020, un second acte d'accusation complémentaire a été présenté par le Département de la justice américaine, sans grossir la liste des imputations, mais en étendant l'infraction de conspiration : il y est notamment question du recrutement de pirates en vue de commettre des intrusions informatiques. L'équipe de défense en a été informée par voie de presse, alors que l'acte n'avait pas encore été envoyé, ni aux avocats, ni au tribunal. Pire, il n'avait pas même encore été intégré à la procédure britannique. Encore une façon de brouiller les pistes et d'entraver les droits de la défense…

Quand bien même ces subtilités judiciaires vous échapperaient, ayez en tête qu'il s'agit d'une décision très inhabituelle à ce stade avancé d'une demande d'extradition, engagée sur la base des dix-huit chefs d'accusation établis en mai 2019. L'analyse de ces trois actes successifs fait apparaître des allégations de faits de plus en plus fournies, sans doute pour ajouter des qualifications au cas où Julian serait jugé aux États-Unis. L'enjeu pour les Américains ? Échapper à la règle de spécialité, qui interdit à l'État ayant obtenu l'extradition d'une personne de la juger pour d'autres causes que celles ayant justifié l'extradition.

Après ce long intermède dédié aux petits arrangements et aux mauvaises recettes de la justice américaine, nous voici parvenus au cœur même de l'affaire, source de ces onze interminables années de privation de liberté : la volonté acharnée des États-Unis d'obtenir la remise de Julian pour le livrer à leurs tribunaux.

La procédure d'extradition britannique en question

Pour vous décrire la procédure d'extradition britannique, je vous dirais qu'elle s'organise schématiquement de la manière suivante : lorsque le Royaume-Uni arrête une personne visée par un mandat, l'État auteur de ce mandat lui adresse une demande formelle d'extradition. Commence alors une phase judiciaire comprenant un système de recours extrêmement complexe et tortueux, au terme de laquelle les juges autorisent ou refusent l'extradition. Une fois l'autorisation judiciaire acquise, le secrétaire d'État anglais peut prendre un décret d'extradition qui permettra la remise de la personne. Il est également possible de le contester en justice.

Concernant Julian, retenez simplement que, quelques heures après son arrestation au sein de l'ambassade en avril 2019, sur le fondement d'un mandat d'arrêt anglais émis dans le cadre de la procédure suédoise, les États-Unis ont officialisé une demande d'extradition. Le premier juge a rejeté cette requête : compte tenu de l'état de santé de Julian Assange, il a estimé que son extradition l'exposerait à un risque majeur de suicide.

Mais la cour d'appel saisie par les États-Unis a statué en sens inverse. Elle a autorisé l'extradition en retenant que les assurances américaines sur le traitement et les conditions futures d'incarcération de Julian étaient suffisantes.

Le 17 juin 2022, la secrétaire d'État britannique Priti Patel a donc signé le décret d'extradition. Cette décision politique ne faisait aucun doute car les possibilités de décharge sont très limitées. D'autant plus que Priti Patel est considérée comme faisant partie de l'aile droite du parti conservateur, qui avait auparavant adopté des positions très dures en matière de lutte contre la criminalité, allant même jusqu'à prôner, à un moment donné, le rétablissement de la peine de mort. On ne peut pas espérer meilleur défenseur des droits de l'homme…

Le 1er juillet 2022, Julian a fait appel de ce décret. Le 6 juin 2023, un juge unique lui a refusé ce droit. Le pedigree et les convictions de ce magistrat suscitent autant d'interrogations que le profil de Priti Patel. Ancien avocat, il avait déclaré dans la presse que ses clients préférés étaient les services de renseignement. Sans doute un autre militant forcené des libertés fondamentales…

Dans le cadre de l'appel formulé par Julian, ce juge a mis près d'un an pour rendre une décision lapidaire d'à peine trois feuilles là où la défense avait développé près de cent cinquante pages de critiques !

Les 20 et 21 février 2024, une audience a eu lieu devant la Haute Cour de Londres afin de décider si Julian avait le droit de faire appel de la décision autorisant son extradition et de la décision subséquente de la secrétaire d'État. Le 26 mars 2024, les juges ont décidé de donner trois semaines aux autorités américaines pour apporter de nouvelles assurances concernant la potentielle procédure judiciaire américaine.

Un an d'emprisonnement supplémentaire. Et tant de questions qui restent en suspens sur le déroulement d'une procédure interminable qui épuise le prévenu et sape les efforts de ses avocats. Les arguments plaidant pour le refus de la remise d'Assange aux autorités américaines sont pourtant nombreux, et ô combien sérieux.

Tout d'abord, les risques pour sa santé mentale et sa vie, constatés par les experts l'ayant examiné, ne souffrent d'aucune contestation. Et les engagements pris sur ce point par les États-Unis, à supposer même qu'ils soient respectés, ne sont en réalité que des chimères. N'entretenez aucune illusion à ce sujet ! Ne tentez pas de vous rassurer en imaginant, fatalistes, que son sort sur le sol américain sera plus enviable qu'à Belmarsh !

Je vais vous dire ce qu'il se passera si Julian est extradé vers les États-Unis : dès son arrivée sur le territoire américain, il sera placé en détention provisoire, à n'en point douter sous un régime carcéral extrêmement sévère, probablement dans la prison de haute sécurité d'Alexandrie, dont les conditions d'incarcération et d'isolement figurent, d'après les spécialistes, parmi les plus strictes au monde. Il troquera sa cellule de Belmarsh contre un séjour dans une de ces prisons américaines dont les conditions sanitaires et la qualité des soins psychiatriques sont régulièrement dénoncées par toutes les ONG.

Ensuite, ayez conscience que les États-Unis ne peuvent à aucun moment être contraints de respecter les engagements qu'ils ont pris. Ils n'auront pas de mal à les rompre, comme ils l'ont déjà fait dans certaines affaires. Certains États, tels que l'Italie, ont d'ailleurs refusé l'extradition de personnes vers les États-Unis faute de garanties concrètes suffisantes, par exemple concernant les traitements médicaux assurés en détention.

Bref, en dépit des assurances retenues avec beaucoup de légèreté et de candeur par les juges britanniques, Julian risque d'être placé à des milliers de kilomètres de ses proches, dans des conditions de détention, d'isolement et d'interdiction de communication qui lui seront tôt ou tard fatales.

Un autre argument classique en matière d'extradition, qui entraîne dans presque tous les systèmes juridiques le refus de la remise de la personne réclamée, tient au caractère politique de l'accusation pour laquelle Julian est recherché.

En effet, tout indique d'ores et déjà qu'il s'agira d'un procès politique, en particulier les déclarations de divers officiels et hauts personnages de l'État américain : Jeff Sessions, le premier procureur général de la présidence Trump ; Mike Pompeo, l'ancien directeur de la CIA ; ou encore le procureur général William Barr, en charge des poursuites visant à démanteler WikiLeaks, qui affirme qu'en dernier recours, toutes les décisions de poursuite relèvent du président.

De son côté, la journaliste Cassandra Fairbanks a attesté que Donald Trump avait lui-même ordonné l'arrestation de Julian Assange. Et, alors que l'on aurait pu penser que les partisans démocrates seraient moins enclins à le poursuivre, ils conservent envers lui une forte rancœur depuis la publication des e-mails d'Hilary Clinton, en 2016, qui ont selon eux contribué à sa défaite électorale. Peut-être l'administration Biden espère-t-elle simplement, comme cela a pu être dit, que Julian meure, devienne fou en prison… ou sombre à jamais dans l'oubli.

Réfutation

« Dans la réfutation, niez, s'il se peut,
comme fausses et controversées,
les allégations de l'adversaire ;
rejetez au moins ce qu'il offre
comme vraisemblable ;
soutenez qu'il donne pour certain ce qui est
douteux ; qu'il pourrait argumenter de la même
manière de faits évidemment faux ; que, tout fût-il
avéré, ses inductions ne seraient pas légitimes. »

Cicéron

Reconnaissons au moins un mérite aux procureurs de Julian Assange : ils sont en partie parvenus à faire oublier le journaliste, fondateur inspiré de WikiLeaks, pour imposer leur propre vision du personnage et leur version de l'histoire. Tant de rumeurs propagées ! Tant de stratagèmes échafaudés ! Tant de fausses informations diffusées ! En plus de dix ans, ils ont déployé un véritable arsenal pour substituer à la réalité un mythe fabriqué de toutes pièces.

Julian Assange, l'espion russe. Julian Assange, l'agresseur sexuel. Julian Assange, le lanceur d'alerte irresponsable mettant en danger la vie d'autrui. Julian Assange, l'idéologue de la transparence, le fossoyeur des États.

Tant de contre-vérités ont été écrites et proclamées qu'il me faut désormais réfuter. Mais est-il encore temps de ressusciter l'honneur et la vie d'un homme déjà enfermé depuis des années, sans même avoir été jugé ?

*

Ne balayons pas les assertions de l'accusation d'un revers de main.

Les arguments qui lui sont opposés sont, à première vue, recevables. Ils s'appuient sur des éléments de langage diffusés par le renseignement américain depuis plus d'une décennie. Ils entrent en résonance avec une frange de l'opinion. Ils véhiculent une idée simple : WikiLeaks aurait « volé » des « informations secrètes ». Ces publications auraient mis en danger des « agents diplomatiques », et même la « sécurité nationale » du peuple américain.

Ce discours rudimentaire demeure très efficace sur le terrain rhétorique. D'autant plus lorsque les citoyens sont coupés de tout élément technique qui leur permettrait d'apprécier la portée réelle de ces allégations. Dans l'inconscient collectif, la sécurité d'un pays reste plus importante que les droits d'un individu. En d'autres termes : Assange a mis en péril l'intégrité du peuple américain, donc il mérite le sort qui lui est réservé.

*

Une anecdote me semble révélatrice de l'image troublée dont souffre Julian. Un matin, au cabinet, j'ai reçu un coup de téléphone d'une personnalité de premier plan :

— Bonjour Maître, je vous appelle au sujet de votre courrier pour m'inviter à m'engager dans la défense de Julian Assange. Je vous remercie, mais je ne le ferai pas.

— Merci de votre appel (j'étais à la fois heureux qu'une personne de cette importance ait lu ma lettre, et surpris qu'elle prenne un moment pour me répondre, d'autant plus pour me dire qu'elle ne le ferait pas). Puis-je vous demander pourquoi ?

— Je ne cautionne pas les traîtres et les délateurs. Cette posture m'est insupportable. Diffuser des documents volés est inacceptable. De plus, si M. Assange n'a rien à se reprocher, il n'a qu'à accepter de répondre de ses actes devant la justice. Il aurait le droit à un procès public, dans lequel il pourrait se défendre, et je ne doute pas que sa défense serait très efficace. Je ne cautionne pas ceux qui fuient la justice.

— Il me semble que cette position ne reflète pas la réalité de cette affaire. J'aimerais vous en parler plus en détail. WikiLeaks n'est pas un organisme de diffusion de « secrets », c'est une plateforme qui permet de protéger efficacement la confidentialité des sources. En ce sens, elle a toujours travaillé en collaboration avec les plus grands quotidiens internationaux. Dire que WikiLeaks et Assange « volent » des documents, c'est déjà sauter une étape. Ils ne publient que des informations, comme le ferait n'importe quel autre journal.

— Oui, mais je ne suis pas d'accord. On doit être responsable de ses diffusions, et on doit en assumer les conséquences. Je crois que vous ne me ferez pas changer d'avis. Mais je vous remercie.

Cette conversation, je l'ai eue à maintes reprises avec des femmes et des hommes parmi les plus remarquables des sphères politique, juridique, artistique et économique françaises. Le nom d'Assange ouvre en effet bien des portes qui, parfois, se referment aussitôt.

*

Est-ce justifié, sachant qu'avec le recul, chaque accusation portée contre lui s'est effondrée ? Un espion russe ? Quelle preuve ? Un agresseur sexuel ? Après des années de calomnie, il ne reste rien de cette sordide affaire suédoise, qui a été classée en 2019. Ne demeure qu'une impression poisseuse qui lui colle à la peau et entache sa cause. Précisément ce que ses ennemis cherchaient à créer : une légende noire, un portrait trompeur, une image barrée à l'encre du mensonge et de l'infamie.

Dans la tempête judiciaire, politique et médiatique de l'affaire Assange, bien des efforts ont été consentis pour lui nuire, le présenter négativement, en faire un repoussoir. C'est la marque du *lawfare*, un tampon indélébile qui colle à la personne pour lui éviter d'avouer. À l'heure des réseaux sociaux, on pourrait même parler de *shitstorm* : un torrent de commentaires haineux et de *fake news* qui se déverse pour attenter à la dignité d'une personne. Qui peut croire que l'administration américaine est étrangère à tout cela ?

*

Je vous le concède, la personnalité de Julian n'a rien fait pour apaiser les choses.

Provocateur, sûr de la justesse de son action à la tête de WikiLeaks, très pince-sans-rire, Julian Assange n'est pas un robinet d'eau tiède. Il développe une vision du monde fondée sur un partage quasi absolu de l'information, vision avec laquelle chacun d'entre vous peut légitimement être en désaccord.

Mais Julian Assange ne revendique ni médaille ni distinction. Il ne brigue pas de mandat électif. Alors pourquoi s'intéresser autant à sa personnalité ? Conditionnerait-elle l'étendue de ses droits ? Serait-on plus protégé si l'on est une personne lisse, sans voix, sans cause ? Je peux en témoigner, Assange est un homme très sympathique, cultivé, éclectique dans ses goûts. Il parle de la musique de Jean-Michel Jarre (qui le soutient) comme des *Frères Karamazov*, son livre préféré.

Si vous le rencontriez, vous auriez sans doute envie de boire un petit *latte* avec lui.

La réalité, c'est que Julian Assange fait peur. Le système qu'il a imaginé avec WikiLeaks est de nature à donner des idées à d'autres. Il a entraîné des milliers de « sources » et ouvert la voie à des journalistes, des lanceurs d'alerte, des victimes de crimes de guerre, tous en quête d'une meilleure information du public.

C'est un angle d'attaque souvent utilisé par ses détracteurs. WikiLeaks se situe en effet à un carrefour théorique complexe, dans lequel un équilibre permanent doit être trouvé entre la protection des individus, le respect de la vie privée, de la liberté de conscience, mais aussi du droit à l'information.

Ces ambiguïtés – que tolère mal notre époque de simplisme et de caricature – ont nourri des critiques à l'égard de Julian Assange et de WikiLeaks : les documents publiés par la plateforme relèvent-ils toujours de l'intérêt public ? Ces révélations n'ont-elles pas mis des gens en danger ? N'ont-elles pas porté une atteinte disproportionnée à la vie privée de personnes directement ou indirectement concernées par les publications ? Ne sont-elles pas une trahison de la raison d'État ?

Prenons les choses les unes à la suite des autres.

D'abord, arrêtons-nous un instant sur les allégations selon lesquelles des personnes se seraient trouvées en péril à la suite de publications de WikiLeaks. Vous pouvez lire et relire les écritures du gouvernement américain, vous aurez du mal à y déceler la moindre situation concrète.

Pourquoi ? Tout simplement car, avant chaque publication, WikiLeaks procède à une analyse minutieuse et systématique des documents en cause, en recourant pour cela à l'aide de journalistes de grands médias internationaux. Un *process* strict a été appliqué pour cacher les noms ou informations de nature à porter préjudice à des tiers. Il est donc faux de soutenir que Julian Assange n'a pas eu le souci de préserver des personnes innocentes.

Deuxièmement, quels sont donc le secret et la raison d'État qu'invoquent les détracteurs d'Assange ?

Les thuriféraires du « secret » se posent en défenseurs de l'ordre et de la sécurité au service du peuple. Pour eux, l'existence d'une zone d'ombre est légitime car nécessaire au fonctionnement même des institutions de l'État. Comment protéger les citoyens sans « renseignement » ? Comment améliorer les cadres collectifs sans accès à des données permettant de mieux comprendre les gouvernés ? Cet argumentaire place l'accent sur la « moralité » de nos dirigeants qui, à l'instar de Dieu, seraient « à notre image ». Pourquoi diable nous voudraient-ils du mal ? Pourquoi, au fond, ne pas les laisser faire et accepter que certaines choses nous échappent ?

Cette thèse se heurte toutefois à une objection majeure : si le « secret » est concevable, autorise-t-il ceux qui en bénéficient à s'affranchir de la règle de droit ? Pourrait-on légitimer que, dans un espace démocratique, une poignée d'individus puissent agir en dehors de tout cadre juridique, sans contrôle, sans contrepoids et sans règle ? Comment organiser ce contrôle, si les informations traitées ont vocation à n'être connues que de ceux qui opèrent ? Et d'où tirent-ils ce « droit » à ne pas respecter le droit ?

Si la loi prévoit que certains documents puissent être « classifiés », elle n'autorise pas un agent de l'État, même opérant derrière une protection fonctionnelle, à conduire des actions illégales. La frontière entre le secret justifié et le secret non justifié est donc une frontière légale. Et c'est précisément sur cette ligne de crête que se postent des sentinelles comme WikiLeaks et Julian Assange. Pour eux, le secret ne doit pas être préservé lorsqu'il est un instrument de mensonge et de violation du pacte démocratique. Repensez à cette vidéo *Collateralmurder* : trouvez-vous réellement choquant qu'elle ait été diffusée ? Ou que des civils aient été tués, sans procès, sans droit ? Il est vrai qu'il faut savoir choisir son camp…

Julian Assange n'aime pas que l'on galvaude le mot « transparence ». Aucune action ou prise de décision de WikiLeaks ne place l'organisation dans une position idéologique qui consisterait à promouvoir une transparence absolue, tout aussi illimitée et incontrôlable que le secret auquel elle s'opposerait.

La transparence n'est pas une finalité, elle n'est qu'un moyen permettant l'autorégulation, et surtout la responsabilité individuelle et collective. Le débat n'est pas placé sur le terrain des atteintes à la vie privée ou des intrusions dans la sphère intime, qui ne sont jamais le but recherché. WikiLeaks n'est pas une officine de barbouzes, mais un éditeur de presse. Sa philosophie sous-jacente se place dans l'idée que la transparence assure une forme de correctif qu'il faut encourager pour permettre de favoriser les comportements éthiques. Si je suis un « puissant » et que je sais que mon comportement peut être un jour exposé, puis-je réellement agir ainsi ? Est-ce que je l'assume ?

Le mauvais débat est celui qui oppose secret et transparence, sécurité et liberté, ordre et justice. Les termes sont alors mis les uns contre les autres, comme si la progression de l'un ne pouvait qu'entraver l'existence de l'autre.

Pourtant, dans les faits, l'intérêt des atteintes au prétendu principe du « secret » ne vient-il pas précisément du fait que ces « révélations » mettent en lumière des comportements eux-mêmes totalement illégaux ? Réfléchissez-y un instant.

Tel est l'enjeu capital de ce dossier.

Le vrai scandale, c'est qu'aucun de ceux qui auraient pu être inquiétés pour les crimes de guerre, les écoutes ou les actes de corruption dénoncés par les publications n'ait été poursuivi, dans aucun pays, ni par aucune juridiction internationale. Le nombre de démissions ou de hautes carrières affectées est proche de zéro.

La seule personne à payer le prix des révélations de WikiLeaks est Julian Assange. Il est l'unique individu à rendre des comptes.

Pour quel crime ?

Méditons un instant ce qu'écrivait Arthur Koestler dans *Le Zéro et l'Infini*, roman magistral inspiré des purges staliniennes, qui conte l'histoire de Roubachof, jeté en prison pour d'obscurs motifs : « Selon ce que je connais de l'histoire, je vois que l'humanité ne saurait se passer de boucs émissaires. Je crois qu'ils ont été de tout temps une institution indispensable. » Julian n'échappe hélas pas à cette loi d'airain, victime de cet « appétit persécuteur » qu'a si bien décrit le philosophe René Girard dans ses travaux sur la figure du bouc émissaire.

RÉCAPITULATION

« *Reste la récapitulation [...]. Elle convient dans deux cas : lorsqu'on se défie de la mémoire des auditeurs à raison du laps de temps écoulé ou de la longueur du discours ; et quand le rappel et le résumé des principaux points de la cause doivent lui donner plus de force.* »

CICÉRON

Maintenant que vous connaissez tout de cette affaire, repensez aux questions posées au début de cet ouvrage : Julian Assange mérite-t-il le traitement qui lui est réservé ? Est-il coupable d'un quelconque crime ? Son avenir peut-il être confié à des autorités qui ont juré sa perte ? À quelle peine condamnerait-on nos démocraties en l'abandonnant à sa solitude et à son dénuement ?

La réponse à ces interrogations ne tombe-t-elle pas sous le sens ?

*

Rien ne justifie que ses avocats soient obligés de se rendre à la prison de Belmarsh, de traverser des hectomètres de couloirs, de se soumettre à des contrôles absurdes et d'attendre qu'un jour la lumière renaisse dans la vie de Julian.

Rien ne justifie, en Suède, au Royaume-Uni, ou aux États-Unis, que Julian Assange demeure emprisonné. Ni les actes d'accusation, ni le mandat d'arrêt qui a déclenché son arrestation. Ce trop-plein de procédures cache l'absence de tout élément sérieux.

Rien ne justifie cette demande d'extradition vers les États-Unis. Ni un fait d'espionnage, ni un acte de trahison, ni un viol ou un vol de données. Ces récriminations ne sont que fantasmes, rumeurs et mensonges orchestrés par ses ennemis.

Si rien ne justifie tout cela, comment expliquer que Julian Assange ne soit toujours pas libéré ?

En vérité, son emprisonnement est le fait du Prince.

Il est aussi le fait de la lâcheté d'autres dirigeants qui n'ont pas su ou pas voulu défendre un journaliste.

Vous le savez maintenant, Julian est sous les verrous en application d'une méthode de guerre par le droit, le *lawfare*, qui peut encore provoquer une éclipse du droit.

Parce qu'une fois de plus, ne doutez pas qu'il s'agisse d'autre chose : Julian Assange n'a fait que révéler des informations vraies. Rien de ce qu'il a publié n'est inventé. Rien n'est falsifié. Pas une ligne n'est romancée. Les révélations publiées par WikiLeaks sont toutes des informations d'intérêt public, et c'est bien là le problème.

Peut-être même sont-elles « trop » vraies. En exposant des faits et en les diffusant au plus grand nombre, Julian Assange a commis un crime de lèse-majesté. Il a montré que le Prince n'était plus qu'un roi nu et qu'il devrait répondre de ses forfaits devant les citoyens : tortures, bavures, crimes de guerre et autres violations des droits de l'homme. Comment les dirigeants d'une démocratie peuvent-ils assumer des actes que rien, en l'occurrence, ne justifie ?

Machiavel écrivait dans *Le Prince*, un ouvrage dont la rédaction a commencé en prison, que c'est « la peur ou la haine qui porte les hommes à nuire ». Les accusateurs de Julian Assange ont fait leur cette maxime florentine.

C'est par peur de devoir rendre des comptes qu'ils ont poursuivi Julian Assange de leur vindicte. Quoi de plus facile que de désigner un bouc émissaire pour détourner l'attention ?

Et c'est par haine de la vérité qu'on a cherché à étouffer le scandale et à nuire à l'image d'un homme. Quoi de plus efficace que de transformer un journaliste en violeur, en espion, en traître ou en dangereux activiste pour mieux le discréditer ?

Péroraison

« *On est sûr, en effet, d'émouvoir les hommes [...] par l'honneur et la vertu, celle surtout qui tend au bien public et à la conservation de la société. Plein de ces sentiments, l'orateur en consacre le culte, voue à l'exécration ceux qui les ont violés.* »

Cicéron

Le temps des faux-semblants est derrière nous. Aucun de vous n'est dupe des manœuvres qui ont conduit Assange derrière les barreaux.

Mais ne troquez pas trop vite vos habits de jurés pour reprendre une vie ordinaire. Continuez de vous interroger sur le fond de cette affaire.

Rappelez-vous les procès de Socrate, de Giordano Bruno et de Nelson Mandela. Imaginez-vous en train de siéger au tribunal pour statuer sur l'un de ces cas. Que souhaiteriez-vous que l'histoire retienne de vos décisions ? Sachant que vos jugements seront discutés et soumis au regard des générations futures, quelle trace voulez-vous laisser ?

C'est dans le secret de vos consciences et de vos cœurs que ces questionnements vont longtemps résonner.

Si vous jugez Julian innocent, n'oubliez pas que chacun d'entre vous, à son échelle, a le pouvoir de faire bouger les lignes. Et surtout d'éviter que Julian soit à jamais bâillonné, que son identité soit pour de bon effacée.

Allez-vous rester devant votre télévision ou devant l'écran de votre portable, comme si de rien n'était ? Allez-vous suivre l'actualité de Julian Assange de plus près ? Allez-vous vous engager et inciter nos dirigeants à ouvrir les yeux, à ne plus se taire et à s'emparer du sort de Julian ?

Si vous considérez que cette affaire est importante, ne détournez surtout pas le regard. Vous avez sans doute le pressentiment que derrière cette injustice se joue quelque chose de plus fort encore, qui touche à nos valeurs. Vous avez raison : le combat de Julian englobe des enjeux qui le dépassent et dont il a fini par devenir l'infortuné dépositaire.

*

Si toutefois vous l'estimiez coupable, prolongez votre réflexion jusqu'au bout, sans fard ni détour. Même si Julian avait commis les crimes qu'on lui impute, même si certains de ses actes étaient répréhensibles, même si sa personnalité ne vous revenait pas, mériterait-il les tortures qui lui ont été infligées ? Est-ce utile de lui faire autant de mal ?

Quel homme d'ailleurs le mériterait ? Dans un État de droit, même un parfait « salaud » peut réclamer un semblant de dignité, un traitement équitable devant la justice et une chance d'être écouté, entendu. Pourquoi en irait-il autrement pour Julian Assange ?

Vous pouvez considérer que tout n'a pas à être révélé au grand public sans éléments de contexte. Vous pouvez penser que la raison d'État doit l'emporter, en certaines occasions, sur la quête de vérité. Au fond, vous êtes libres de ne pas partager les convictions de Julian Assange. Mais tel n'est pas le vrai sujet de cette affaire et de cette plaidoirie.

Défendre Julian Assange ne signifie pas devenir son partisan, un adepte de WikiLeaks ou un zélote de sa cause. Le débat dépasse de loin ces considérations.

Peu importe que vous soyez choqués par les révélations contenues dans les publications de

WikiLeaks. Que vous les jugiez nécessaires ou dispensables ne change rien au fond du problème : Julian Assange n'a fait que dire la vérité, rien de plus.

En dernier ressort, la seule question qui mérite d'être tranchée est donc la suivante : voulez-vous, en 2024, voir un homme qui a dit la vérité croupir en prison dans un État démocratique occidental ?

*

Dans vingt, cinquante ou cent ans, qu'écrira-t-on au sujet de ces sociétés de la décennie 2020, prétendument évoluées et éprises de liberté, qui ont abandonné un journaliste à ses bourreaux ? Que lira-t-on au sujet de ces citoyens qui ont préféré ignorer son calvaire, retourner au confort de leur vie paisible, de leur smartphone, du flux d'informations et de divertissements diffusés en continu sur les écrans digitaux ?

Les avertissements d'Étienne de La Boétie, dans son *Discours de la servitude volontaire*, n'ont pas pris une ride : « Le théâtre, les jeux, les farces, les spectacles, les gladiateurs, les bêtes curieuses, les médailles, les tableaux et autres drogues de cette espèce étaient pour les peuples anciens les appâts de la servitude, le prix de leur liberté ravie, les outils de la tyrannie. » En est-il de même à l'ère de la civilisation numérique ? Que penseront les générations futures de notre goût pour le futile ou l'accessoire et de notre détachement vis-à-vis de l'essentiel ?

La futurologie est un exercice aussi périlleux que l'escalade. Quel sera le visage du monde en 2044, en 2074 ou en 2124 ?

Ce que je crois toutefois, de façon sûre, c'est que le sort de Julian Assange en 2024 engage largement cet avenir. Dans vingt, cinquante ou cent ans, jouirons-nous des mêmes droits si nous renonçons à défendre ceux qui chérissent la liberté d'informer ? Aurons-nous le même recul et le même esprit critique si nous perdons tout goût et tout amour de la vérité ? Aurons-nous encore de l'empathie pour les victimes d'injustice si nous nous habituons au règne de l'arbitraire et à la raison du plus fort ? Aurons-nous encore le loisir de nous exprimer et de nous opposer aux dérives des puissants si nous prenons le réflexe de la passivité, de l'indifférence et de la résignation ?

Aurons-nous même encore la chance de vivre en démocratie ?

Dans vingt, cinquante ou cent ans, nos enfants, petits-enfants et arrière-petits-enfants seront nos héritiers. À nous de choisir, dès aujourd'hui, quel legs nous voulons leur transmettre : celui d'un monde fondé sur l'injustice ou celui d'un monde adossé à la force du droit ? Non pas un droit perverti par le *lawfare* et les accusateurs de Julian, mais un droit qui garantit – pour citer les mots d'Émile Zola lors de l'affaire Dreyfus – que « la vérité et la justice [soient] souveraines, car elles seules assurent la grandeur des nations ».

TABLE DES MATIÈRES

Dans la peau d'un juré ... 9
Préface ... 13

Exorde ... 21
Thèse ... 33
Narration ... 43
1971. L'acte de naissance ... 46
1984-1996. Le Commodore 64 ... 47
1999. Le dépôt du nom de domaine « leaks.org » ... 49
2006. Le logo de WikiLeaks ... 50
2010. La vidéo *Collateralmurder* ... 54
Été 2010. L'allumette suédoise ... 58
2011. Une photo d'hommes en tenue orange ... 60
2012. Un bâtiment en brique rouge ... 61
2012-2019. Une caméra allumée ... 62

Avril 2019. Un passeport déchiré 65
Mai 2019. Un rapport psychologique 66
Septembre 2021. Une enquête de Yahoo News 69
Mars 2022. Un acte de mariage 71
Février 2024. Un jugement......................... 73

Argumentation 77
Lawfare partout, justice nulle part ! 84
De l'institution à l'administration judiciaire 88
Le labyrinthe normatif 95
Un système kafkaïen 95
Le droit et le tordu 97
Les trois actes d'accusation 100
La procédure d'extradition britannique en question 105

Réfutation 111

Récapitulation 125

Péroraison 131

Pour en savoir plus
sur les Éditions Plon
(catalogue, auteurs, vidéos, actualités…),
vous pouvez consulter
www.plon.fr
www.lisez.com

lisez!

et nous suivre sur les réseaux sociaux

Editions Plon

@EditionsPlon

@editionsplon

#lisez! engagé
www.lisez.com
Pour plus d'information :
Imprimé sur du papier issu de forêts gérées durablement.

Achevé d'imprimer en mai 2024
par Normandie Roto Impression s.a.s.
61250 Lonrai
N° d'impression : 2402316
Imprimé en France